Inhoud

This is not a consequence.
This is an upgrade.

Uit: *Quit Like a Woman*, Holly Whitaker

Voorwoord

Alcoholvrijer gaat over een leven vrij van alcohol. Een leven waarin ik niet iets opgeef, maar héél veel toevoeg aan mijn leven. Ik ben Cynthia, 33 jaar en ik ben geen alcoholist. En toch besluit ik op een dag in september 2022 te stoppen met drinken. Nee, ik ben dus geen alcoholist (al heb ik wel even wat testjes gegoogeld), maar het drinken ging me steeds meer tegenstaan. Als wijnliefhebber en -kenner was wijn een grote hobby van me. Genieten van een glas wijn was een van de grote geneugten van het leven, maar de voordelen wogen langzaamaan steeds minder op tegen de nadelen.
De verschrikkelijke katers (en ook al enorme hoofdpijn, een wattig gevoel in mijn hoofd en een slechte nachtrust na twee glazen), het schuldgevoel, de niet nagekomen plannen, het opgezwollen gezicht, de slechte nachten.
Het was ook alsof ik, naarmate de jaren vorderden, steeds slechter ging reageren op alcohol. Soms zorgde zelfs één glas al voor vreselijke hoofdpijn de volgende dag, of leek het bij twee glazen alsof ik de hele fles had leeggedronken. Iets waar ik vroeger nooit last van had.
Was dat mooie glas waar ik zo van genoot dat écht waard?

Ik verdiepte me steeds meer in alcohol en ja, natuurlijk wist ik best wel dat het ongezond was, maar hey, leef een beetje, toch? Een drankje moet kunnen, het is gezellig, het leven is er om te vieren! Maar hoe meer ik erover las, hoe minder lekker die glazen wijn me gingen smaken. Er kwam een vervelende bijsmaak aan die ik niet meer kon wegredeneren.

Ik besloot de proef op de som te nemen. Van wijnkenner naar wijnstopper. Van de ene op de andere dag dronk ik geen druppel meer. Ik besloot erover te schrijven, om het een plek te kunnen geven. Om het te verwerken, om het te kunnen uiten, zonder het meteen – ik ben immers influencer en blogger – op Het Grote Internet te gooien. Schrijven werkt voor mij altijd goed om te reflecteren, om stil te staan bij wat er in en met mij gebeurt. Dat doe ik elke dag, al jaren, op papier in mijn dagboek. Ik doe het al sinds mijn zestiende op mijn blog. En hier dus, in dit boek, over mijn alcoholvrijere leven. Ik neem je mee in mijn verhaal. In dit dagboek deel ik alles wat ik meemaak in het proces van niet-drinken. Echt alles. Het blijkt een zoektocht te zijn naar mezelf, naar ontspanning, naar wat ik zoek in alcohol. Een zoektocht naar wie ik eigenlijk echt ben zonder dat glas wijn en zonder de wijnkaart. Een zoektocht naar de echte lol in het leven en of die wel in die fles zit. Ik ontdek dat alcohol meer invloed op mijn leven had dan ik dacht, en de afwezigheid ervan confronteert me met mezelf.

Alcoholvrijer is voor iedereen die 'matig' drinkt en tóch een weerstand begint te voelen. Voor iedereen die zich niet herkent in de extreme verhalen van alcoholisten die fles na fles wegklokken, maar die het wel voelt wringen. Iedereen die niet één glas kan drinken, en als het wel lukt, daar óók last van heeft de dag erna. Voor iedereen die hele weekends en vakanties verpest door *hanxiety*. Voor iedereen die gewoon weleens twijfelt: zal ik stoppen met drinken? *Alcoholvrijer* is een verhaal van een jonge vrouw die geen alcoholist is, maar wel een probleem met alcohol heeft en deelt hoe haar leven alleen maar mooier wordt als ze stopt met drinken.

Dit boek is niet bedoeld voor mensen die verslaafd of alcoholist zijn en daar hulp bij zoeken in de vorm van een boek. Als je denkt dat je een serieuze verslaving hebt, dan vind je achter in het boek wat telefoonnummers van en informatie over plekken waar je terechtkunt.

Hoe dit boek te lezen

Alcoholvrijer is mijn persoonlijke dagboek, waarin ik deel hoe mijn alcoholvrijere leven me bevalt, met alle struggles en twijfels die daarbij komen kijken. Ik deel ook feiten en praktische tips rondom alcohol en alcoholvrije drankjes. Het eerste deel kun je dus op die manier lezen: als mijn verhaal. Daarbij moet ik benadrukken dat dit mijn persoonlijke beleving is, en dus geen wetenschappelijke tekst. Ik realiseer me ook heel goed dat ik een aantal heel grote privileges heb, zoals dat ik 'op tijd' ben gestopt met drinken, niet zwaar verslaafd ben geweest en 'relatief makkelijk' de stekker uit mijn drinkgedrag heb kunnen trekken. Ook heb ik veel geluk met de plek waar ik geboren ben, het feit dat ik wit en cisgender ben en een goedlopend bedrijf heb. Al deze privileges maken mijn ervaringen niet minder echt of waardevol, maar ze zíjn er wel.

Dit boek is niet volledig. Dat is omdat het mijn eigen ervaringen zijn, en ook omdat ik er niet naar heb gestreefd om een feitelijk compleet boek over alcohol of over verslaving te schrijven. Het is geen naslagwerk, het is mijn dagboek. Van mij, als mens. Waarin ik soms van de hak op de tak spring, herhaal, steeds opnieuw in twijfel trek wat ik al eerder in twijfel trok en dan soms iets juist wél of tóch niet doe terwijl ik weken eerder iets anders had bedacht. Oftewel: niks menselijks is mij vreemd. Welkom in mijn brein. Slik.

Het laatste deel van het boek is meer praktisch ingestoken. Het probeert de vraag 'hoe nu verder' te beantwoorden. Het kan je helpen als jij ook besluit om een leven vrijer van alcohol te gaan leven, en bevat informatie, tips en opdrachten. Zie het als een extraatje om je op weg te helpen, om een start te maken.

Deel 1

1

September – december

Het stoppen

Woensdag
21 september 2022
8.38 uur

Op vakantie in Costa Rica besluit ik: ik stop. Afgelopen week zat ik met mijn vriend Willem op het vliegveld van Panama voor onze overstap, op weg naar huis. Met een bar waar we konden bestellen wat we wilden. Ik besloot: ik ga even niet drinken. Na een vakantie vol alcohol was ik het ineens zó zat. Er is in mijn leven altijd een goede reden om te drinken. Altijd iets te vieren, altijd een mooi moment om bij stil te staan, altijd een heel goede aanleiding om met een glas van het een of ander te proosten. Zo ook deze twee weken in Costa Rica.

In het 'normale' leven heb ik de regel dat ik alleen in het weekend drink. Oké, uitzonderingen daargelaten, dan. Want bij een etentje of feestje doordeweeks moet het kunnen – maar in principe drink ik alleen in het weekend. Op vakantie geldt die regel niet! Want het is vakantie. Vakantie is feest, los, vrij. Alles doen waar ik zin in heb, en daar hoort natuurlijk een alcoholische versnapering bij.

Er gaan echt geen flessen wijn per dag doorheen, maar bij de lunch wordt het eerste biertje of wijntje gedronken. Tegen het einde van de middag komt er een nootje of chipje op tafel, met uiteraard een glas wijn. Of twee, want die tweede is altijd het lekkerst. En 's avonds bij of na het eten is een drankje toch óók wel erg lekker. En het mag, want het is vakantie!

Feest. Heerlijk. Leef een beetje! Genieten. Dat is het.

Maar na deze vakantie wringt het. Ja, het was genieten. Maar ik heb ook slecht geslapen. Ik voel me moe, niet uitgerust. Veel ochtenden voelde ik me matig, met hoofdpijn en een wollig gevoel in mijn lijf. En vooral vermoeid. Met een knagend schuldgevoel. En met vragen in mijn hoofd. Maakt die drank zo'n vakantie nou echt béter? Drinken is voor mij vakantie. Het is feest, vrijheid, doen waar ik zin in heb. Maar is dat écht vakantie?

Op het vliegveld in Panama ben ik het ineens zat. Ik ben er klaar mee. Ik stop gewoon nú. Dat lucht meteen op en snoept een beetje van dat schuldgevoel af dat ik heb over mijn drankgebruik deze vakantie.

”

Ik ben er klaar mee.
Ik stop gewoon nú.

Eerder had ik al besloten om komende december en januari niet te drinken. Het leek me een mooie uitdaging, omdat alcohol de laatste jaren zo'n belangrijk en groot onderdeel van mijn leven is geworden. Een belangrijk en groot onderdeel waar ik steeds meer de nadelen van begin te ervaren. Gewoon tijdelijk stoppen, om even te 'resetten' of zo. Jaren geleden heb ik eens een *dry january* gedaan, maar een maand was wel heel makkelijk. En januari is zo'n maand waarin veel mensen bezig zijn met goede voornemens, minder drinken, meer sporten, beter eten. Het voelde niet als een échte uitdaging, ook omdat ik wist dat het na dertig dagen voorbij zou zijn en ik weer een flesje bubbels open kon trekken. Ik telde de dagen gewoon af, dat was niet zo moeilijk. Het leerde me wél veel, die maand. Door die dry january ben ik daarna echt minder gaan drinken en dat doe ik nog steeds.

Of nou ja. Ik drink nu dus niet. Ik weet niet voor hoe lang. Heel november ben ik op Curaçao, ik had eigenlijk besloten om daarna pas te stoppen, omdat ik het toch wel gezellig vind om op dat tropische eiland met vrienden om me heen een biertje en bubbeltje te kunnen drinken op het strand, of aan de rand van het zwembad. Het is nu eind september en ik ga sowieso tot 4 november niet drinken.
Misschien trek ik het wel door naar Curaçao?

Waarom? Vooral mijn gezondheid. Alcohol is geen heel groot probleem in mijn leven, maar tóch besluit ik nu om er – voorlopig – een streep door te zetten. Ik drink gematigd, alleen in het weekend, en ook weleens doordeweeks als er een etentje of feestje is. Mijn gezondheid is eigenlijk in alles mijn prioriteit. Ik slaap elke nacht ongeveer acht uur. Ik eet gezond. Ik sta minimaal vier keer per week in de sportschool. Het enige wat ik doe dat echt niet goed voor mij is, is alcohol.
Steeds vaker realiseer ik me dat het puur gif is dat ik in mijn keel giet.
Ja, ik geniet er heel erg van. Ik drink niet vaak gedachteloos, al drink ik ook weleens om stress te verzuipen. Ik drink nooit

'zomaar', en niet onder groepsdruk. Ik drink bewust. Een genietmoment, alleen, of met vrienden tijdens een etentje of borrel. Alleen goede wijn, écht lekkere alcohol, anders hoeft het van mij niet. Of praat ik mezelf dat alleen maar aan, om mijn drankgebruik goed te praten?
En ten koste van wat?
Ik heb de dag erna al last van één glas wijn. Ik slaap slechter, lichter. Ik word minder uitgerust wakker. Ik voel me minder fit.

> *Of praat ik mezelf dat alleen maar aan,*
> *om mijn drankgebruik goed te praten?*
> *En ten koste van wat?*

Dus nu het experiment: ik drink niet.
Gewoon, omdat dat goed voelt.
Focus op gezondheid, op me fit voelen.
En dat kan het allerbeste zonder drank.
En ik ben gewoon benieuwd wat het met me doet. Alcohol is óveral. Terwijl ik het typ, denk ik aan de liveweekends van mijn Mastermindgroep – ik zit in een groep waarin ik met andere ondernemers hulpvragen in mijn business kan bespreken – in een waanzinnig hotel met goede restaurants met ... héél goede wijn. Zo'n moment vieren, dat ga ik zonder alcohol doen. Vieren zonder alcohol. Poeh, dat is nieuw. Maar ook: in het weekend genieten zonder alcohol.
Goed eten zonder alcohol.

Vrijdag gaan we met vrienden eten bij een restaurant met twee sterren. *That's a first*: zo'n avond zonder alcohol. Ik heb meteen aangeboden om te rijden, dan wordt niet drinken wel heel makkelijk. Nee, ook geen slokje of een half glaasje. Ik drink niks. Als we goed (lees: sterren) uit eten gaan, drink ik áltijd. Dus ik heb heel veel zin in vrijdagavond om te ervaren hoe dat gaat. Ik kijk al uit naar de gymsessie zaterdag waarop ik lekker fris en fit zal zijn.

Zaterdag
24 september 2022
9.08 uur

Een hele avond tafelen en de dag erna fris en fruitig wakker worden!
Wat een feest. Of nou ja, niet helemaal fris en fruitig, want ik heb iets te kort geslapen en nog wat last van een jetlag, maar ik heb in ieder geval géén kater. Ik ben niet wakker geworden met hartkloppingen midden in de nacht, ik heb geen hoofdpijn, geen droge mond.

De hele week ben ik niet echt bezig geweest met het 'niet-drinken', want doordeweeks drink ik sowieso al niet. Maar in een tweesterrenrestaurant is normaal de wijn een gróót onderdeel van de avond. Ik had wel gedacht dat ik dit lastig zou vinden, want ik geniet hier altijd enorm van en wijn is echt een hobby van me. Ik heb enkele wijnopleidingen gedaan; ik smul van de verhalen over de verschillende wijnen en ga helemaal op in het proeven.
Het mooie was: ik kon er nog steeds van genieten door naar de verhalen te luisteren en de wijn te ruiken! Ik smulde van de passie van de sommelier, ik rook aan elke wijn die geschonken werd en vond het totaal geen issue om niet een slokje te nemen. Nee, ook niet één. Ook niet een héél klein slokje van die heerlijk ruikende witte bourgogne.
Ik kreeg ontzettend fijne alternatieven aangeboden, zoals een *sparkling tea* met jasmijn, en later een alcoholvrije gin-tonic met verbena die écht goed smaakte. Het verraste me, want ik bestelde hiervoor nooit een alcoholvrije cocktail of zoiets. Het was altijd wijn. Want waarom niet?
Het eerste voordeel ervoer ik al tijdens de avond: ik genoot intens van elke gang. Elk hapje, elk gerecht, elk onderdeel van de avond heb ik meegekregen. De kreeft met mango en vanille. De ganzenlever met drop. Het 'beschuitje' met kaviaar. De bramensoufflé als toetje. Ik raakte niet bedwelmd door de wijn en proefde daardoor alles veel beter. Misschien heb ik er daardoor zelfs wel meer van genoten?

Wat ik wat minder leuk vond was dat een deel van mijn gezelschap de laatste anderhalf uur toch wel aardig beschon-

”

Ik voel me fris en fruitig en ga straks lekker naar de sportschool.

ken raakte. Ik normaal ook (al ga ik altijd voor halve glaasjes en drink ik niet zóveel), waardoor ik dat niet zo merk, maar nu natuurlijk wel. Willem en Björn waren écht dronken. Zó dronken dat de gesprekken nergens meer over gingen, dingen eindeloos herhaald werden en er zelfs onzinnige politieke discussies over tafel gingen. Gelukkig was Nicky minder onder invloed omdat zij veel minder had gedronken, maar ik vond het lompe gedrag aan tafel toch bést irritant. Stiekem had ik zelf wel anderhalf uur eerder van tafel gewild, want ik vond het erg lastig om nog onderdeel te zijn van deze gesprekken-die-je-geen-gesprekken-kunt-noemen. Er was geen touw aan vast te knopen.

De vraag rees: doe ik dat normaal zelf ook?
Ik denk het wel.

In de auto terug viel me één ding enorm op: die lúcht. Wow. Wat een geur komt er uit die monden en lijven! Ik doe daar zelf normaal ook aan mee, en dan merk ik het niet.

Om halftwee lag ik in bed (extreem laat voor mij) en rond halfnegen ging ik eruit, dus wat kort geslapen, maar ik voel me fris en fruitig en ga straks lekker naar de sportschool. Iets later dan gepland, maar ik ga, en zonder kater.

Zondag
25 september 2022
6.16 uur

Weer een topfitte ochtend in het weekend, want ik heb gisteravond niet gedronken. Mijn doel is nu voornamelijk om weer in het normale ritme te komen, dat is na Costa Rica nog niet helemaal gelukt. Ik slaap door wekkers heen, lig 's nachts wakker. Bonus: gisteravond op tijd gaan slapen, vannacht de hele nacht goed doorgeslapen, om zes uur wakker geworden van de wekker en nu zit er een croissant in de oven. Dit gaat een stuk makkelijker zonder drank, dat weet ik zeker.

Gisteren kwam mijn bestelling van de alcoholvrije slijter Nix & Nix binnen. Dat er goede alcoholvrije bieren zijn, wist ik al.

Zo is de Non-IPA van Jopen een favoriet, net als de Playground IPA van Vandestreek. Ik heb Willem een aantal goede bieren van deze webshop laten uitkiezen en hij was verrast door het aanbod. Zelf heb ik vier wijnen gekozen die goed beoordeeld werden door kenners zoals Harold Hamersma. Nog nooit eerder heb ik een lekkere wijn zonder alcohol gedronken. Het smaakt meestal zoetig, wat weeïg, en het lijkt niet eens op wijn. Dan kun je beter wat anders drinken. Zoals een kombucha, of dus een alcoholvrij biertje.
Ik gaf het nog een kans en bestelde twee witte en twee rode wijnen. Gisteravond tijdens het eten maakte ik de rosébubbels open: 'Eins-Zwei-Zero' van Leitz. Gemaakt in Duitsland van merlot, pinot noir en portugieser. Het is sowieso al een feestje om een fles bubbels open te knallen en daarna de bruisende drank in te schenken in mooie glazen op hoge, dunne voetjes.
Enigszins sceptisch snuffelde ik aan de bleekroze vloeistof. 'Hee!' zei ik tegen Willem. 'Dit ruikt ook écht wel naar wijn!' Ik proefde en was blij verrast. Heel fris en fruitig, zomers. Frambozen, rabarber, aardbei. Lekker droog – dat vind ik meestal zo smerig bij die alcoholvrije wijnen, dat het zo zoet en plakkerig is. Droog en zuur, dat wat wijn ook altijd wat interessants geeft. En zelfs iets 'straks' in mijn mond. Het gaf me bijna dat gevoel dat een glas champagne me geeft (behalve dan dat dat nog tien keer lekkerder is, laten we wel wezen), en na twee glazen kon ik zonder buzz nog Kees uitlaten. Top.

Moet je nu per se een vervanger zoeken voor die drank? vraag ik me af. Nee, dat hoeft natuurlijk helemaal niet per se. Maar het maakt het leuker. En dus makkelijker. Zeker als er iets feestelijks is of als ik wil proosten op een bijzonder moment, zoals een verjaardag, het behalen van een zakelijk doel of het lanceren van een nieuw product, dan kan ik heel makkelijk iets van mijn Nix & Nix-stash pakken. Da's toch leuker dan een glas bruisend water. Ik ben ook gewoon nog steeds de Cynthia die elk moment aanpakt om iets te vieren en ergens een feestje van te maken. En een feestje maak je makkelijker met

bubbels dan met water. Maar wellicht kom ik daar later nog van terug.
Ik ga nu dus zorgen dat ik altijd tópdrankjes in huis heb voor mezelf. Biertjes, wijntjes en ook fijne kombucha's bijvoorbeeld. Daar ben ik gek op en het is ook een goede vervanger voor een borrel. Dit gaat een eitje worden.

Alcoholvrije tip:
Eins-Zwei-Zero
van Leitz

Heel fris en fruitig, dus echt een zomerse wijn. Ik proef fruit zoals frambozen en aardbei, en ook rabarber. Hij is lekker droog, wat ik echt kan waarderen. En het geheel geeft zelfs iets 'straks' in mijn mond.

Maandag
26 september 2022
18.20 uur

Aankomend weekend is het liveweekend van een groep ondernemers die ik met mijn bedrijf Structuurjunkie begeleid, in een luxe vijfsterrenhotel in Cadzand, in Zeeland. We gaan twee avonden uit eten in restaurants van het hotel, die heel goed zijn: een heeft zelfs een Michelinster. Al tijden kijk ik uit naar het uitzoeken van een mooie fles om die met de groep te delen. Om te proosten op alle successen en het leven te vieren.
Maar ja, niet dus. Of nou ja, de fles kan ik nog steeds uitzoeken, maar ik zal er zelf niet van drinken.

Ik was met mijn assistente Elsemiek aan het appen over komend weekend, en ik appte haar ook even dat ik niet drink. 'Ik denk dat we de welkomstdrankjes gewoon zelf bestellen, maar áls de bediening toch een aperitief inschenkt als onderdeel van het menu, moeten we dat even doorgeven,' zei ik. Haar reactie: 'Wow, da's wel even wennen, Cynthia zonder een glas wijn.'
Niet dat ik altijd met een glas wijn rondloop, maar wij zien elkaar vaak tijdens borrels en diners.

”

Da’s wel even wennen,
Cynthia zonder een glas wijn.

Wie ben ik eigenlijk zonder alcohol?
Met alcohol ben ik die levensgenieter. Die vrouw die altijd wat te vieren heeft. Die altijd successen centraal stelt en die deelt met anderen, met een fles. Die weet wat ze lekker vindt en niet bang is om goed geld uit te geven aan een mooie champagne of een andere fantastische fles wijn.

Alcoholvrije tip:
Non-IPA
van Jopen

Heel frisse, fruitige en ietwat bittere IPA die makkelijk doordrinkt en net complex genoeg is. Al jaren een van mijn favoriete alcoholvrije biertjes!

Die vrouw die naar een wijnwinkel gaat en het allerlekkerste voor zichzelf meeneemt. Die vrouw die zichzelf dat gunt. Die vrouw die dingen wéét over wijn, die het haar hobby heeft gemaakt, die de wijnkaart in een restaurant uitpluist alsof het een Bijbel is, die uren met een sommelier kan praten over die fles. Die vrouw die uitkijkt naar een glas wijn in het weekend. Die vrouw die het gezellig maakt, gul is, met een overvloed aan hapjes en drankjes. Die vrouw die inténs kan genieten van een glas, op de bank of in de tuin, met wat lekkers en een boek. Pure ontspanning.
De Cynthia die geníét. Die het beste verdient in de vorm van een vintage champagne. Die víért en lééft. Die lol en plezier heeft en alles eruit haalt.

Zeker geen vrouw voor wie alcohol een probleem is of iets waar ze mee worstelt ...
Toch?

Wie ben ik zonder?

Ben ik dan nog steeds die levensgenieter? Die vrouw die alles aanpakt om een feestje te bouwen?

De Cynthia die stilstaat bij bijzondere gebeurtenissen en successen viert? Ja.
Ik wil ja zeggen. Ik ben nog steeds dezelfde Cynthia, dezelfde genieter, dezelfde persoon die momenten bijzonder maakt. Dat zit 'm niet in de champagne. Dat zit 'm in het gezelschap en de aandacht.
Maar of het hetzelfde gaat zijn zónder ... Dat ga ik ervaren.

Dinsdag
27 september 2022
18.44 uur

Op Instagram kreeg ik een advertentie te zien van de app Reframe. Deze app helpt je op basis van wetenschap om te stoppen of minderen met drinken. Ik was benieuwd, sloot een maandabonnement af en klik nu wat door de app heen. Hij houdt bij hoelang je al alcoholvrij bent, of hoeveel minder je bent gaan drinken. Voor mij nu acht dagen! Elke dag zijn er enkele opdrachten die je moet doen. Een daarvan is een dagelijkse visualisatie. Doordeweeks is niet drinken geen issue voor mij, dus ik visualiseer aanstaand weekend.

Visualiseer dat je door je dag heen gaat, zonder alcohol.
Ik kom aan in het Strandhotel in Cadzand en ik kom op mijn kamer. Ik geniet van het waanzinnige uitzicht op zee, de prachtige luxe kamer en alle ruimte voor mezelf. Heerlijk. Ik pak mijn spullen uit en zet een blikje goed alcoholvrij bier koud dat ik voor mezelf meegenomen heb. Het voordeel van 0.0-bier is dat het écht heel lekker kan zijn, wat helaas met alcoholvrije wijn niet altijd het geval is. Dus dat blikje gaat mee. Als ik dit weekend een momentje voor mezelf heb waarop ik heel veel zin krijg in een glas wijn op mijn balkon, dan kan ik dit pakken. Wanneer ik naar beneden ga voor de borrel in de huiskamer met de ondernemers die meedoen aan de Structuurjunkie Mastermind, vraag ik de bediening of ze een goede alcoholvrije cocktail hebben. Ik krijg een fantastisch exemplaar dat me enorm goed smaakt en waarmee ik met de andere dames proost op dit weekend.
Tijdens het eten drinkt een deel van de groep lekker een glas wijn, ik ga voor een fijn alcoholvrij biertje en daarna ga ik over

op bruisend water met citroen. Ik geniet erg van deze heerlijke dag met elkaar, waarop alcohol normaal een grote rol zou spelen, maar waarop ik nu misschien nog wel meer geniet van het gezelschap en dit bijzondere moment.

Wat zijn je obstakels?

● ● ● *Zo'n weekend is voor mij altijd hét moment om te drinken. Om successen te vieren, vanwege de gezelligheid met elkaar, ultiem genieten van een glas wijn en een boek op mijn balkon met uitzicht op zee, de combinatie van de luxe en de tijd voor mezelf én dat het een zakelijk succes is. En we gaan ook nog eens twee avonden ontzettend goed uit eten ... Dat zijn voor mij dé ultieme ingrediënten om te drinken. Normaal gesproken.*
Wat ook een moeilijk moment zou kunnen zijn is dat er zomaar een glas voor me wordt ingeschonken, of dat ik een glas in mijn handen geduwd krijg. Of dat iedereen het súpergezellig heeft door de alcohol en ik buiten het gesprek val – wat afgelopen weekend aan het einde van de avond ook gebeurde.

Hoe ga je om met een *triggering* situatie?

● ● ● *Ik heb een alcoholvrij biertje koud liggen in de koelkast, dus als ik zo'n trigger een keer heb dit weekend, dan kan ik dat pakken.*
Viermomenten en proostmomenten kunnen uitstekend met wat anders dan alcohol.
De uitspraak 'ik drink niet' werkt op alle momenten dat ik alcohol krijg aangeboden of in mijn handen gedrukt krijg.
Op het moment dat de gesprekken niet meer leuk zijn (wat ik niet verwacht, want er zitten geen stevige drinkers bij komend weekend), kan ik besluiten om weg te gaan.

Wat zijn je tools?

● ● ● *Dit dagboek gebruiken voor moeilijke momenten. De wetenschap dat Elsemiek weet dat ik niet drink, en er met haar over praten als dat nodig is. Maar ik denk niet dat het zo moeilijk gaat zijn.*

Maak een lijst van triggering situaties.
Noteer alle mensen, plekken en dingen die ervoor zorgen dat je wilt drinken. Welke gevoelens zorgen ervoor dat je wilt drinken? Welke emoties zorgen ervoor dat je wilt drinken? Deze triggers kunnen zowel positief als negatief zijn.
We creëren *trigger awareness*. →

Alcoholvrije tip:
Kombucha
van Butcha

Kombucha is al jaren een van mijn favoriete drankjes en in deze tijd is dat nóg meer het geval. Het is een gefermenteerde frisdrank, gemaakt van thee, soms met en soms zonder bubbels. Mét is mijn favoriet. Het smaakt altijd wat zuur, de thee is bij de ene variant meer aanwezig dan bij de andere en de smaak hangt af van wat er verder aan toegevoegd is. De gember- en kaffirlimoenversie van Butcha is zeker een van mijn toppers.

triggers

PLEKKEN

/ Restaurants
/ Cafés
/ Hotels
/ Vakantiebestemmingen
/ Thuis
(oftewel bijna overal)

MENSEN

/ Willem
/ Harold & Harma
/ Annemieke
/ Elsemiek
/ Brenda
/ Zakelijke relaties

DINGEN

/ Mooie glazen
/ Aantrekkelijke flessen (van zowel wijn als andere drank)

GEVOELENS & EMOTIES

/ Blijdschap
/ Trots
/ Stress
/ Ontspanning
/ Ontlading
/ Vakantie
/ Vieren

MOMENTEN

/ Weekend
/ Vakanties
/ Wanneer ik uit eten ben
/ Als ik een ontspanmoment voor mezelf maak
/ Buiten de deur slapen (in een hotel of vakantiehuisje)
/ Wanneer er iets te vieren is

Mijn *why*

Waarom ik ben gestopt met drinken:

- Beter slapen. Daardoor meer energie, betere prestaties en een lekkerder gevoel gedurende de dag.
- Geen nachtelijke halve paniekaanvallen meer als ik eens te veel gedronken heb. Wakker worden met een racend hart, droge mond, hoofdpijn, wazig. Balend van mezelf dat ik toch dat glas te veel heb gedronken. Een hoofd dat maar doorraast, kwaad op mezelf, gedachten die ik maar niet stop kan lijken te zetten en een hartslag van 120 terwijl ik gewoon in bed lig.
- Geen katers meer. Niet meer rekening houden met een kater en dus gewoon altijd alles kunnen doen wat ik wil doen.
- Gezondheid. Me nog fitter voelen, energieker zijn.
- Betere sportprestaties en beter herstellen na het sporten. Ik sta vijf keer per week in de sportschool en wat ik zeker weet is dat alcohol daar geen goede invloed op heeft.
- Vakanties hebben waar ik écht van uitrust, ook fysiek.
- Een betere huid.
- Ook een echt ontspanmoment voor mezelf kunnen creëren zonder een glas alcohol. Dat kan ik doordeweeks prima, maar in het weekend of op vakantie 'hoort' een glas wijn er toch vaak bij. Ik wil dat ook kunnen zonder drank. En ik kan dat, want doordeweeks doe ik dat ook. Het zit hem niet in de alcohol, het zit hem in het creëren van het moment voor mezelf, met wat lekkers te eten en te drinken.
- Niet meer dat schuldgevoel als ik tóch een glas heb gedronken, of tóch wat meer heb gedronken dan ik me had voorgenomen.
- Uitvinden wie ik ben zonder dat glas wijn. Is dat heel anders? Heb ik minder plezier? Is het leven minder leuk?
- En uiteindelijk toch ook wel de calorieën. Zes drankjes in een week is zo zeshonderd calorieën, wat gelijk staat aan een (voor mij) aardige avondmaaltijd. Dat scheelt toch.

Woensdag
28 september 2022
17.21 uur

Mijn mantra: lol, genieten en ontspannen zit in mijzelf.

Zaterdag
1 oktober 2022
6.30 uur

Ik ontwaak in het meest fluffy, comfortabele, warme en tegelijkertijd luchtige bed waar ik ooit in wakker ben geworden. Ik hoor de zee ruisen en ... ik heb geen kater.
Gisteravond begon het Mastermindweekend met zes ondernemers in het waanzinnig mooie Strandhotel in Cadzand. De plek waar ik in juni van dit jaar het boek *Sinds ik niet meer drink* van Evi Hanssen las. Het boek dat het zaadje plantte om zelf ook te stoppen.

We zijn vier maanden verder en hier zijn álle ingrediënten om normaal gesproken de champagnefles te laten poppen.
/ Het is een zakelijke mijlpaal voor mij, zo'n weekend op zo'n ontzettend mooie plek met zo'n groep ondernemers.
/ Ik wil met de deelnemers proosten op behaalde successen van de afgelopen periode.
/ We eten in een erg goed restaurant met een Michelinster.
/ Het is een beetje decadent en daar houd ik van.
/ Ik wil genieten.
/ Het is weekend.

Maar ik drink niet. In het restaurant hadden ze goede alcoholvrije alternatieven en ik bestelde een mocktail, met duindoorn. Héérlijk. Fris, zuur, wat zoet, ijskoud. Daar heb ik enorm van genoten en langzaam van genipt. Dat is vaak het probleem met alcoholvrije cocktails, dat het net ranja is en je het zo achterover giet. De kunst is dat je toch die wat meer spannende smaken gecombineerd krijgt, en dat was zo.
Het énige moment dat ik gisteravond dacht: dit had ik ook wel gewild, was toen er een fles champagne besteld werd. Champagne is mijn lievelings. Ik zei altijd: 'Als ik één soort drank moet kiezen voor de rest van m'n leven, dan is dat champag-

ne.' Waanzinnig lekker. Jaren geleden ben ik eens in de streek geweest met Willem en hebben we verschillende huizen bezocht. Het is zó'n bijzonder product dat met zoveel aandacht en vakmanschap gemaakt wordt. Ik heb er meerdere boeken over die ik van kaft tot kaft heb uitgeplozen.
En het smaakt gewoon fantastisch. De extra droge varianten zijn mijn favoriet, met toast-achtige smaken en amandel, brioche, íéts fruitigs, en die bubbel ...
Nou ja, dat moest ik gisteren missen.
Er was een moment van tien seconden dat ik dacht: ja, ik wil ook een glas, en toen nipte ik van mijn duindoorndrankje en was ik weer content.

Er waren twee momenten dat ik erg blij was dat ik geen druppel op had.
Moment één was aan tafel terwijl we ontzettend veel lol hadden om iets. Ik had de slappe lach en kwam níét meer bij. Ik was helemaal in mijn element en maakte wat grove grappen. Dat doe ik, als ik in mijn element ben en echt mezelf kan zijn. Toen ik nog dronk, kwam daar altijd een vleugje schaamte bij kijken, omdat ik dan bang was dat mensen dachten dat ik zo raar deed door de drank. Dat zou deels ook zeker zo geweest zijn. Nu was ik gewoon van mezelf blij (en raar) en had ik heel veel lol, en hoefde ik me nergens voor te schamen. Dit ben ik, niet vertroebeld of uitvergroot door alcohol. Ik realiseer me ook meteen dat ik dus geen 'excuus' meer heb. 'Ach, het was de drank' werkt niet meer. Nee jongens, dit ben ik écht.

Moment twee was toen de gastheer van het restaurant vroeg of we even naar het hotel gebracht wilden worden, omdat het hard regende. Wat een service, hóé fijn. We stapten in de auto bij de sommelier die ons even 'naar huis' bracht en ik had een leuk gesprekje met hem over dat ze geen bijpassende wijnen serveren in het restaurant.
Toen ik nog dronk, kwam bij een gesprek met een nuchter persoon altijd een vleugje schaamte kijken, omdat ik me goed realiseerde dat mijn gesprekspartner broodnuchter was, en

zeker de drank in mijn adem zou ruiken én wellicht een oordeel zou hebben over mijn halve gelal en enthousiasme (dat laatste komt niet door de drank, maar wordt er ongetwijfeld door aangezet).

Ik realiseer me nu dat ik regelmatig schaamte ervoer rondom mijn alcoholgebruik. Naar mensen om me heen. Naar restaurantpersoneel. En ook naar mezelf.
Naar mezelf, de dag erna. Of meestal al de nacht erna, omdat ik vaak wakker werd met een racend hart en intense hoofdpijn. En de nadorst. Vreselijk, die dorst die ik niet weggedronken kreeg. De dag erna die altijd matig begon, die altijd veel opstarttijd nodig had, terwijl ik normaal iets na vijven vol energie naast mijn bed sta. De dag waarop ik vaak niet kon doen wat ik wilde doen, zoals sporten of werken of andere dingen die ik gepland had. En als ik het dan wel deed voelde ik me ellendig, en daar voelde ik me vreselijk schuldig over naar mezelf. 'Waarom heb je nou wéér gedronken terwijl je weet dat het je dit gevoel geeft?'

Nu zit ik in het heerlijkste bed van de wereld. Ga ik straks ontbijten met huisgemaakte croissants. En kan ik er hélemaal van genieten. Zonder hoofdpijn, zonder schaamte, zonder schuldgevoel.

Zondag
2 oktober 2022
6.32 uur

'Like most of us, I grew up believing that drinking was normal. There was nothing wrong with getting drunk or nursing a hangover. Drinking is so normalized, and so unquestioned, that we have essentially drawn a line down the middle and put people on one side or the other. There are normal drinkers, and there are alcoholics. For the normal drinkers, alcohol is healthy! And good for you! And in the words of Cheryl Strayed (who overcame heroin addiction), "Wonderful and joyous!" For alcoholics, alcohol is bad. Which is not unlike saying heroin is wonderful and joyous when used in moderation, but for Cheryl Strayed it is bad.'

Ik lees het boek *Quit Like a Woman* van Holly Whitaker, het verhaal van een vrouw met een alcoholprobleem die stopt met drinken. Het boek gaat over haar eigen ervaringen, maar ook over haar zeer kritische blik op alcohol in onze maatschappij. Ik kom later zeker nog eens op dit boek terug, want er zitten voor mij nu al zoveel eyeopeners in.

Gisteren, aan het einde van de middag, had ik een moment dat ik voorspeld en voorbereid had. Dat moment dat ik (in het geval van dit weekend héél even) alleen ben en even tijd voor mezelf heb. Tijdens weekenden of dagen zoals deze had ik normaal gesproken een goede wijn opengemaakt (die ik zelf mee zou hebben genomen) en daar intens van zitten genieten met een boek op mijn balkon. Mijn pure ontspanmoment. Helemaal voor mezelf. Daar hoorde in weekenden en tijdens vakanties dan een glas bij.

Dat deed ik nu ook, maar dan met een alcoholvrij biertje. Ik had van huis een Brulo Double Dry Hopped IPA mee, de '7 Hop 7 Grain', met 0,0% alcohol. Ik ging er net zo lekker voor zitten als ik met een alcoholhoudend drankje zou doen. In de zon op mijn balkonnetje, met uitzicht op zee. Mooi glas. Fijn boek. Helemaal comfortabel. Diepe zucht van genot: dit moment is helemaal voor mij. Ik schenk de goudgele drank in en neem een slok. Huh? Ik check het blikje, is dit wel echt alcoholvrij? Ja, dat is het. Het smaakt fantástisch. Fris. Iets zurig. Wat bitter. Citrussmaken. Romig. Lekkere body. Ik geniet enorm van mijn moment. Waarop de alcohol dus echt niet zoveel toevoegt. Sterker nog, ik las in dat boek dat veel mensen drinken ter ontspanning en dat het juist totaal tégen ontspanning werkt. Ja, je voelt je de eerste twintig minuten wat relaxter, maar daarna komt de spanning en stress (als je die had) dubbel zo hard bij je terug.

Maar goed, dikke tip dus voor de bierliefhebbers. Thuis in de koelkast staan er nog een paar van Brulo en ik ga er zeker meer bestellen. Dit soort drankjes bewaar ik wel voor de momenten waarop ik normaliter een glas alcohol zou drinken, ik ga niet zomaar de hele week aan het alcoholvrije bier.

Gisteravond gingen we eten bij Blueness hier in het hotel. Frans-Japanse keuken en zeven gangen heerlijks. De cocktails vlogen me om de oren en ik bestelde weer een mocktail. Op een hoog glas, een witte, lichte substantie, met kleine rozenblaadjes en veel ijs. Lychee en roos, en niet te zoet. Oef, fijn. We aten hamachi-tonijn met Nederlandse passievrucht, mosselen met een Japans soort omelet, kwartel van de barbecue, ree, een dessert met nori-ijs ... Elke smaak knalde erin en was geweldig. Met nog een glas kombucha met veel ijs erbij genoot ik enorm van deze avond én van de mooie gesprekken die ik voerde met de mensen om me heen.
Ik kreeg ook mooie vragen over het stoppen. Leuke, fijne gesprekken. Ook met bijvoorbeeld Diana die helemaal niet drinkt, en Kim die vroeg of ze uit loyaliteit ook niet zal drinken als we samen op Curaçao zijn. Heel lief (maar niet nodig). Heerlijke avond.

Alcoholvrije tip:
7 Hop 7 Grain
van Brulo

Het merk Brulo heeft alcoholvrije bieren die allemaal net wat steviger én spannender van smaak zijn. Mijn eerste kennismaking is deze 7 Hop 7 Grain en die vind ik fantastisch. Fris. Iets zurig. Wat bitter. Citrussmaken. Romig. Lekkere body.

Woensdag
5 oktober 2022
7.22 uur

Na een nuchter lang weekend fris weer aan de slag dinsdag. Gisteren kreeg ik mijn fles Seedlip binnen, een alcoholvrije gin. Ondanks mijn afspraak om niet random doordeweeks mocktails en 0.0-biertjes te drinken, wilde ik het graag even proeven en maakte ik een gin-tonic voor mezelf. De Seedlip, Fever-Tree tonic, lekker veel ijs, schijfje citroen en komkommer en een takje rozemarijn. We genieten van een mininazomer, dus ik installeerde mezelf in de tuin in de zon, Kees naast me, boek op schoot. Poeh, lekker. Goede smaak. De gin heeft echt dat botanische, kruidige. Geen kick, geen warm gevoel in mijn keel, maar wel dat complexe. Zeker met tonic heel prettig om te drinken. Wat een feest! Heel fijn ook dat er geen suiker in zit, het is praktisch gezien gewoon water met een smaakje, maar dan wel gedestilleerd. Mooi aan het maken van zo'n cocktail is ook dat ik het met aandacht doe. Afmeten, snijden, mengen, mixen. Ik ga er echt even voor zitten, creëer een goed moment voor mezelf. Daar zit al de helft in.

Later op de dag kwam er nóg een fles drank binnen. Wel op basis van suiker, dus wat zoeter en stroperiger. 'Everleaf Forest is een non-alcoholisch aperitief dat wordt geproduceerd uit een complexe mix van veertien duurzame ingrediënten zoals iris, gentiaan, saffraan, oranjebloesem, vanille en voodoo-lelie.' Donker, troebel oranje van kleur. Na het eten een slokje geproefd. Wow. Dit heeft dus wél die kick die alcohol ook geeft. Dat warme gevoel in je keel. Heel kruidig, bitter, zoetig, bloemig. Heel complex. Waanzinnig. Morgenavond komen Annemieke en Pieter eten en dan maken we hier Everleaf Sours mee. Ben benieuwd hoe die gaan smaken, maar ik voorspel fantastisch.

Gisteren had ik aan het einde van de dag wat werkstress. Ik liep met cijfers te klooien, voelde me onrustig en had een onaangenaam gevoel dat ik weg wilde hebben. Zoals al eerder gezegd dronk ik doordeweeks alleen bij uitzondering, maar gisteravond zou echt wel zo'n uitzondering zijn geweest. Meestal waren mijn uitzonderingen feestelijke gelegenheden zoals een etentje of een verjaardag, of het behalen van een mijlpaal, maar soms ook momenten waarop ik een borrel 'nodig' had. Momenten van (werk)stress, waarop ik het lastig vind zelf die ontspanning te vinden. Momenten waarop ik dat gejaagde gevoel uit de weg wil gaan.
Een glas wijn gaf me dan die ontspanning, een weg 'eruit'.

Even de scherpe randjes eraf, even 'weg'. Wat natuurlijk onzin is, want ook al verdooft het dat vervelende gevoel heel eventjes, en voel ik even die buzz, daarna knalt het er net zo hard weer in en is de stress misschien wel twee keer zo erg. En slaap ik slechter, waardoor ik de dag erna minder goed de problemen kan oplossen waardoor de stress is ontstaan. Het is puur wegrennen voor de problemen die ik heb, dat besef ik nu.

Ik legde mijn laptop weg en ventileerde even mijn verhaal bij Willem. Het werd niet opgelost (dat ga ik vandaag doen), maar ik kon even mijn verhaal en zorgen kwijt. Een dikke knuffel en daarna een bak yoghurt met mango en *Chateau Meiland* op televisie. Vroeg naar bed, nog even gelezen en daarna als een blok in slaap gevallen.
Om nu fris en energiek de problemen bij de strot te grijpen.

Alcoholvrije tip:
Garden 108
van Seedlip

Alcoholvrije gin zie je tegenwoordig veel en dat is fijn, want het is een mooie basis voor cocktails. Deze Garden 108 van Seedlip smaakt botanisch en kruidig, net als een gin met alcohol. Prachtig.

Zondag
9 oktober 2022
7.15 uur

'Wat is de reden dat je nu niet drinkt?' is de vraag die ik het meeste krijg als ik vertel dat ik een alcoholvrij leven leid. Ik heb het nog niet online gedeeld, ik vertel het alleen aan mensen direct om me heen, op momenten waarop ik normaal gesproken zou drinken. Ik gooi het balletje niet zelf op. Het gesprek ontstaat vaak zodra er drankjes op tafel komen, of dat nu in een restaurant of thuis is. Normaal dronk ik dan een glas wijn, nu is dat bruisend water, een alcoholvrij biertje of een mocktail. Vaak komt het gesprek dan vanzelf op gang, want het is anders dan normaal. Cynthia geniet van een glas wijn. 'Had je een

”

Had ik een alcoholprobleem?
Was ik een alcoholist?

probleem met alcohol?' vroeg een zakelijke relatie laatst. Die vraag heb ik mezelf de laatste drie weken ook een aantal keer gesteld.
Had ik een alcoholprobleem?
Was ik een alcoholist?
We kennen allemaal de testjes en we hebben allemaal weleens gegoogeld op 'ben ik alcoholist', toch? Neeeee, ik ben geen alcoholist. Als ik maar géén alcoholist ben!

Volgens de internet-testjes was ik geen alcoholist. *Phew.* Maar aan de andere kant lees ik overal dat je vanaf zeven drankjes per week als vrouw wel onder die noemer valt. Dat was bij mij zeker niet altijd het geval, maar soms wel, en tijdens vakanties sowieso. Was ik dan sóms alcoholist? Parttime alcoholist? Maar wat maakt het eigenlijk uit?

In het boek *Quit Like a Woman* lees ik:
'So we're supposed to drink alcohol, but we're not supposed to become addicted to it. We're trained to ask one question of our drinking – Am I an alcoholic? – and to keep drinking if that answer is no. We're conditioned to believe it's normal to imbibe, abnormal to abstain, and because of this, we are not conditioned to ask the most reasonable questions of all: Is alcohol getting in the way of my happiness, my life, my self-esteem? Is it getting in the way of my dreams, or maybe not working for me? Does it cost more than it gives, does it shrink more than it expands, does it cut pieces out of me I can't reclaim? Does it make me hate myself, even just a little bit?'

Op de meeste van deze vragen kan ik 'ja' antwoorden. Het was niet één grote last op mijn schouders die mijn leven compleet verwoestte, maar alcohol leverde me vaker wel dan niet gedoe op. Naast de fysieke gevolgen (slecht slapen, hoofdpijn, een droge mond, weinig energie) had ik vooral last van de mentale gevolgen. Ik schaamde me geregeld voor mijn drinkgedrag, vooral tegenover mezelf. Wéér een glas meer gedronken, heb ik wéér hoofdpijn, kan ik wéér niet sporten/werken/vroeg opstaan/een fijne ochtend beleven. Dit overkwam me te vaak. En het bleef te vaak niet bij één glas.

Ik herinner me levendig een verschrikkelijke kater. Op Instagram zie ik katers vaak verheerlijkt worden als iets wat er gewoon bij hoort. Je hebt lol, je leeft, je drinkt, je hebt een kater. Hele weekends lig je in bed omdat je een overdaad aan gif in je lijf gegoten hebt waardoor je een kwart van je leven misloopt. En ik wijs niet met vingers, ik deed dit zelf ook. Gisteravond zag ik zelfs een retreat voorbijkomen in Spanje met een *hangover Sunday* op het programma. Er wordt al voorgesorteerd op dat iedereen zich klem drinkt en dat iedereen zondag een kater heeft.

Goed, die kater van mij. Willem trakteerde me op een etentje bij De Lindehof in Nuenen, een toprestaurant met twee Michelinsterren. Goed eten betekent goede wijn. En iets te veel wijn. Het was net na een lange horecasluiting vanwege covid en het was feest. En feest betekent drank. Ze hadden Dom Pérignon als aperitief (kom maar door) en bij elke gang bijpassende wijnen. Fantastisch. Die verhalen erbij, de smaak. Bij de kaas nog wat zoets en vooruit, bij het dessert ook nog. De avond werd naarmate het later werd steeds waziger en ik kan me de gerechten niet meer herinneren. Wel dat we werden 'thuisgebracht' door iemand uit de keuken, omdat ik hakken aan had.

We sliepen bij een bed and breakfast in de buurt en toen mijn hoofd het kussen raakte, viel ik als een blok in slaap. Of nou ja, zo voelt dat, als je te veel gedronken hebt. In werkelijkheid viel ik dus helemaal niet als een blok in slaap, want als je alcohol in je lijf hebt, slaap je veel lichter en slechter.
Rond een uur of twee 's nachts werd ik wakker met een snel bonzend hart, een droge lap in mijn mond en een paniekerig gevoel. Drinken. Strompelend naar de badkamer om uit de kraan te drinken haatte ik mezelf al.

Hoezo moet het nou weer zoveel? Waarom kan ik het niet bescheiden houden? Wat verschrikkelijk. En waarom doe ik dit terwijl ik me zó bewust ben van het effect dat het op me heeft? Maar tijdens zo'n avond is dat bewustzijn er niet op die manier, of ik duw het stiekem weg. Het is een soort *fuck it*-gevoel. Het is zó lekker, we genieten er zó van, het moet toch een keertje kunnen. En hoe meer wijn erin zit, hoe waziger die wilskracht wordt om te stoppen.

Na een paar uur licht slapen werd ik wakker met het gevoel of er zes treinen met 28 goederenwagons over me heen gereden waren. Mijn hoofd voelde alsof het uit elkaar ging barsten. Ik voelde me een beetje misselijk en de zelfhaat groeide.
We waren in een prachtige omgeving waar ik niet van kon genieten. Ik voelde me belabberd. Het uitgebreide ontbijt ging half aan me voorbij en de wandeling door het groene landschap kon me niet bekoren: ik wilde naar huis, in bed liggen.

Alcoholvrije tip:
Forest
van Everleaf

Everleaf Forest is écht iets anders dan wat ik al kende. Het geeft de 'kick' die alcohol ook geeft doordat er verwarmende kruiden in zitten en dat voel je in je keel. Everleaf Forest is kruidig, bitter, zoetig bloemig en heel complex.

Willem kon (en kan nog steeds) altijd wel half genieten van dit soort momenten. Samen katerig zijn. Mijn probleem was dat er een enorme portie zelfhaat bij kwam kijken. Er zijn mensen die zich kunnen overgeven aan een kater, die het gewoon nemen zoals het is, 'het hoort erbij', die er zelfs wel een beetje van kunnen genieten, maar dat heb ik nooit gekund.
Ik vond het als tiener al verschrikkelijk, omdat het iets is wat ik mezelf aandoe.

Als je ziek bent, ben je ziek. Daar kan ik in meegaan, mezelf rust gunnen, slapen – omdat ik het niet zelf veroorzaakt heb. Die verheerlijking van katers, daar heb ik nooit wat van begrepen, omdat ze bij mij altijd gepaard gingen met zoveel schuld, schaamte en zelfhaat. Daarnaast stond het mijn plannen in de weg. Een paar maanden geleden nog stond ik met bonkend hoofd op zaterdagochtend in de sportschool, omdat ik per se wilde sporten, terwijl ik de avond ervoor te veel had gedronken. Het voelde vreselijk: ik wilde eigenlijk alleen maar liggen, maar ging tóch sporten.

Als ik nu terugkijk, zie ik dat alcohol meer problemen gaf dan dat het me wat opleverde.

Alcoholvrije tip:

Low Intervention Organic Red No. 1

van Oddbird

Dit is bijzonder: een alcoholvrije rode wijn die biologisch én spontaan vergist is. Dit heeft wat ik zoek in een rode wijn: stevig, vol met sappig rood fruit en echt lekker bij, tja, dingen waar je normaal een rode wijn bij drinkt.

Ja, ik kijk terug op momenten met drank die gewéldig waren, maar waren die niet ook geweldig geweest zonder de wijn? En het zit hem niet alleen in die grote katers, maar ook in de avonden dat ik één glas dronk en me de dag erna toch minder fit voelde, minder goed had geslapen en een lichte hoofdpijn voelde. Hoe ouder ik word, hoe meer last ik ook van één glas heb.

Afgelopen week kreeg ik een berichtje van Desiree. Ze heeft een bedrijf dat Soberlicious heet en ik ben haar een paar weken geleden gaan volgen. Op haar Instagrampagina deelt ze allerlei recepten voor alcoholvrije cocktails en dat vind ik een leuke inspiratie.

'Hi Cynthia! Voel me nog steeds vereerd dat je me bent gaan volgen een tijdje terug. Ik ken je nog als Miss Lipgloss, haha. Nu vernam ik dat je ook bezig bent met alcoholvrij/het minder drinken van alcohol en wat ontzettend tof is dat. Wilde je alleen even laten weten dat als je tips nodig hebt of toffe receptjes, je me altijd een berichtje mag sturen. Liefs, Desiree.'

Wat warm, wat lief. En eindelijk iemand die zegt hoe tof het is om niet te drinken, in plaats van: 'Oh, dat is vast lastig.' Of: 'Tot wanneer dan?'

We berichten wat heen en weer en uiteindelijk vraagt ze me of ik in maart 2023 met een groepje niet-drinkers meega naar de theatervoorstelling *Sinds ik niet meer drink* van Evi Hanssen. Jemig, uit m'n comfortzone. Maar maart is nog ver weg. 'Alles is goed,' zegt ze tegen mij. 'Ook als je dan misschien wel weer drinkt. Gewoon leuk als je meegaat en je haalt er vast iets uit.' Ik denk niet te lang na en zeg dat ik meega. Er is een etentje vooraf gepland en een alcoholvrije cocktailproeverij, en ik kan de nacht erna met korting een kamer boeken in het hotel waar we ook eten. Ik ga voor het hele pakketje.
'Jemig,' bericht ik haar daarna. 'Eventjes ging door m'n hoofd: ooh, daar slapen is fijn, want dan kan ik een wijntje drink... oh wacht.'
Dat zit er zó ingesleten. Hotels boeken zodat ik kan drinken. Niet omdat ik niet meer wil terugrijden, maar omdat ik niet meer kán terugrijden. Dat is verleden tijd. Wauw.
Desiree en ik hebben nu WhatsAppcontact en ze heeft me zelfs een pakketje opgestuurd met daarin wat alcoholvrije drankjes en een boek. Dat komt komende week aan en ik ben superbenieuwd. Ik ben helemaal verrast door dit lieve gebaar en deze steun uit onverwachte hoek.
Door Desiree ging ik afgelopen week, toen Annemieke en Pieter kwamen die beiden ook niet drinken, aan de slag met een alcoholvrije cocktail. Ik maakte een Everleaf Sour. Niet normaal goed. Ja, ik steek mezelf even wat veren in mijn reet. Lekker fris en zuur, complex, kruidig door de Everleaf. Een cocktail

waar je echt even lekker voor kunt gaan zitten.
Bij het eten maakte ik een fles 0.0-riesling open van Leitz. Poeh, indrukwekkend. In de geur duidelijk die riesling die ik zó lekker vind. Dat aromatische en iets petrol-achtige. In de smaak écht wijn. En écht riesling. Zelfs Willem was onder de indruk.

Er zijn twee manieren om alcohol uit wijn te krijgen. De eerste is door omgekeerde osmose, dan worden alle bestanddelen van de wijn gescheiden, de alcohol wordt weggehaald en dan wordt alles weer bij elkaar gedaan. Het nadeel hiervan is dat veel smaak verloren gaat. De tweede en kwalitatief betere methode is door middel van vacuüm. Deze riesling wordt op die vacuümmanier alcoholvrij gemaakt. Smaakt goed.

Alcoholvrij recept:

Everleaf Sour Cocktail

Nodig

50 ml Everleaf Forest
30 ml citroensap
1 eiwit
15 ml suikersiroop
2 scheutjes Angostura Bitters
ijsblokjes

Bereiding

Alles bij elkaar in een cocktailshaker doen, goed schudden en in een mooi glas schenken. De eiwitten zorgen voor een mooie schuimkraag en de cocktail zelf is prachtig lichtroze. Als je 'm vegan wilt maken, laat je het eiwit weg of werk je met wat aquafaba, water van kikkererwten.

Maandag **10 oktober 2022** **7.30 uur**	Drie weken alcoholvrij! De laatste keer dat dat zo was, is jaren geleden. Het voelt heerlijk.

'Imagine what it means for you. No more hangovers, no more forgotten conversations, no more mystery receipts. Your dinner bills are less than half of what they used to be, you get your Sundays back, you don't hook up with people you otherwise wouldn't. Your depression lessens, your anxiety lessens, and your self-worth and self-confidence finally have room to grow. Your skin is better, your liver is better, and you stop having to wonder if you're drinking slower or faster than everyone at the table. You are no longer stuck in the fraud that everyone around you is stuck in – you are free.
This is not a consequence.
This is an upgrade.'
Uit: *Quit Like a Woman*, Holly Whitaker

Dinsdag
11 oktober 2022
8.27 uur

WhatsAppgesprek met vriendin Emmy:

08:27, Cynthia:
Ja goed. Ik voel me goed en qua business ook goed.
Soms wel een up en down en soms ook wel even twijfel of ik alles wel goed doe. Maar daar kom ik dan altijd snel wel weer uit.
Stoppen met drinken gaat ook heel goed en voel me energieker.
Even wat minder is dat ik al een paar maanden bij de bekkenbodemfysio loop vanwege een aantal klachten en gisteren zei ze (wat al wel vaker terugkwam) dat ik ontzettend veel spanning vasthoud in mijn onderlijf. Dus buik, bekkenbodem, billen. Onbewust span ik alles de hele dag aan en daar krijg ik weer allerlei klachten van. Dat is echt kut want ik doe het onbewust. Dus ik moet heeeel bewust dat loslaten, diepe ademhalingsoefeningen doen, yoga, spanning loslaten.

08:28, Cynthia:
En ik doe al zoveel voor mezelf maar als ik aan het lezen ben of wandelen of sporten dan ben ik niet bewust met mijn lijf bezig en dat moet ik dus veel meer doen.

08:28, Cynthia:
En dat vind ik stom. Haha. Ze vroeg me ook 'waarom wil jij bij alles presteren, je bént toch al sterk, succesvol, het hoeft niet altijd beter en meer, je mag ook loslaten' (we hadden het over waarom ik krachttraining zoveel doe) en dat kwam wel even binnen eigenlijk.

08:29, Emmy:
Als jij zegt dat je twijfelt of je alles goed doet denk ik alleen maar; you are on 🔥 maar denk dat t soms sneller gaat dan je bij kan benen mentaal en dan kun je t niet allemaal even op een rijtje zetten haha.

08:30, Emmy:
Pff dat loslaten is zo lastig! Ik houd ook altijd veel spanning vast. En die balans is zo STOM, net wat je zegt

08:31, Emmy:
Voor je gevoel doe je nu alles zo lekker en dan komt er nog weer wat bij

08:31, Emmy:
Nog meer om te doen

08:31, Cynthia:
Ja en dan denk ik godverdegodver ik doe het ook HELEMAAL verkeerd (en dat is niet zo)
en nu moet ik OOK nog mediteren en yoga doen!!!!
IK MAG OOK AL NIET DRINKEN!!!

08:31, Cynthia:
hahahah

Woensdag
12 oktober 2022
15.20 uur

De postbode staat voor de deur met een gigantisch pakket. Dat ben ik op zich wel gewend; ik kom niet vaak in winkels, maar wél in online winkels. Deze keer is het een grote, heel zware doos met grote oranje *fragile*-stickers erop. Oh oh.

Ik ben influencer en ik krijg vaak producten opgestuurd, in de hoop dat ik die laat zien op mijn Instagram of blog. Daar zit ook weleens alcohol bij, zeker omdat ik vroeger regelmatig mijn wijnkennis tentoonspreidde en wijnproeverijen organiseerde, al dan niet online.
Ik scheur het pakket open en ontdek dat het het cadeau is van Desiree. Een doos vol met alcoholvrije drankjes en een begeleidende brief met recepten en tips. Een rumISH (alcoholvrije rum), een dieprode fles Van Sha (een kruidendestillaat), flesjes Crodino, een alcoholvrij aperitief van Lyre's, DZJING (een gember-limoenshot), een boekje over stoppen met drinken ... Jémig, wat lief. En zo leuk om al deze dingen uit te proberen.

Ik ben een beetje high van dit lieve gebaar en ik besluit er een foto van te maken en die op mijn Instagram Stories te zetten. Mijn alcoholvrije avontuur heb ik nog niet echt online gedeeld, niet met zoveel woorden. Maar waarom eigenlijk niet? Ik heb heel wat ervaring met mensen en hun meningen, en het hele ding met stoppen met alcohol is dat je pas een probleem lijkt te hebben als je niet meer drinkt. En al helemaal als je dat toegeeft. Maar fuck it. Ik deel het.

Alcoholvrije tip:
Playground IPA
van Vandestreek

Ik houd echt van IPA's omdat ze altijd net iets bitterder zijn dan een gewoon biertje. Dat is bij deze Playground IPA, die een lekker stevige body heeft, ook zo.

Blogpost

'Ik ben gestopt met drinken. In ieder geval tot en met januari. Over dit hele gebeuren deel ik hier nog niet zoveel. Ben het zelf nog aan het ontdekken. Ik weet ook nog niet of 't voor altijd is. Dat zie ik eind januari wel weer. Ik ben nu bijna een maand onderweg. Ik zal in de Stories hierna wel wat vragen beantwoorden waarvan ik weet dat ze er zijn.

Waarom ben je gestopt met drinken?
Omdat ik de laatste tijd merkte dat de nadelen niet meer opwogen tegen de voordelen. De fysieke klachten (hoofdpijn, slecht slapen) en ook de mentale (schuldgevoelens, schaamte, ontspanning en rust zoeken in alcohol) en het regelmatig niet kunnen uitvoeren van dingen die ik wilde doen vanwege een kater. Dus toen dacht ik: hoe zou het zijn om gewoon een langere periode niet te drinken?

Zoveel dronk je toch niet?
Veel is relatief natuurlijk. Ik dronk niet bizar veel, maar wel met regelmaat, elk weekend, elk etentje. Doordeweeks niet, behalve bij een etentje of als er iets te vieren was (lees: regelmatig). Zeker niet elke dag, maar meestal wel vier tot vijf glazen per week.

Heb je een alcoholprobleem dan? Je bent toch geen alcoholist?
Je hoeft geen alcoholist te zijn om te besluiten niet te willen drinken. Voor mij was het genoeg dat alcohol in de weg ging staan van de dingen die ik wilde en hoe ik me wilde voelen.

Ik vind het best een beetje spannend om dit te delen.
Gek hè.
Hoe raar is dat eigenlijk dat het raar is om niet te drinken.
Heel raar.'

”

Hoe raar is dat eigenlijk dat het raar is om niet te drinken.

De reacties zijn bizar.
Maar echt overweldigend.
En dan niet omdat ze lelijk zijn, maar zó *supportive* en positief.

Een greep uit de misschien wel duizend reacties:
'You go girl!' 'Het gaat je bevallen over de langere tijd! Succes!' 'Wat tof dat je het deelt. Hopelijk bevalt het!' 'Velen zouden het stiekem ook wel willen, maar zijn misschien bang voor de sociale druk.' 'Top van je! Hoe het ook uitpakt, het zal je iets leren.' 'Goed bezig, gewoontes rondom alcohol sluipen er snel in, het is goed om bewust zonder te doen. Te testen.' 'Cool dat je het uitprobeert! Alcohol is zo normaal geworden, maar leven zonder alcohol is óók leuk!' 'Als je je hierdoor beter voelt, prima toch. Ik drink zelden en heb net zoveel lol hoor. Succes.'

Ook wijnvriendinnen, met wie ik samen een wijnopleiding gedaan heb of wijnreizen heb gemaakt, reageren zó tof. Van hen had ik nog het meeste verwacht dat ze hun mentale vriendinnenboekje erbij zouden pakken en een rode streep door mijn naam zouden zetten. 'Saai, van het geloof gevallen, klaar mee.' Maar nee. Nadine komt met tips: 'Lyre's mocktails in blik zijn echt goed. Ik kreeg het blind en dacht dat er alcohol in zat. Alcoholvrije cider is ook super!' En Maaike, een van mijn wijnmaatjes op Curaçao: 'Nu al zin in een drankje met jou op Curaçao, of er nou wel of geen alcohol in zit.'

Ik was bang voor wat mensen zouden vinden. Ook omdat wijn een groot deel van mijn leven was, ik maakte veel vrienden in die wereld en wijn heeft me aan veel mensen verbonden.
En de meeste vragen die ik krijg gaan ook over die wijnkennis. 'Vind je het niet zonde van al die wijnopleidingen?' 'En wat doe je nu met die volle wijnkelder?' of 'En af en toe een glaasje wijn? Dat vind je toch zo lekker?' Op die vragen kom ik later nog wel terug.

Wat me nog het meeste opvalt is dat heel veel mensen dingen zeggen als: 'Ik zou dit ook willen, maar ik durf niet', of 'Ik wil ook wel stoppen eigenlijk, maar die sociale druk ...' Na het beantwoorden van een paar vragen plaats ik een polletje.

Poll

De vraag is: **Drink jij?**

De antwoorden en resultaten:

Ja, geen problemen mee ook (47%, 2217 stemmen)

Ja, maar ik wil wel stoppen (11%, 546 stemmen)

Nee, ik ben gestopt (21%, 997 stemmen)

Nee, nooit gedronken (21%, 1001 stemmen)

Dus 546 mensen die wel willen stoppen, maar dat (nog) niet doen. In dat schuitje heb ik ook heel lang gezeten.
Op dit moment ben ik heel blij verrast door de hoeveelheid ontzettend lieve reacties. En ook de DM's die ik krijg uit de *sober community*. Een klant van mij is nu acht jaar nuchter en laat me ook weten dat ik haar altijd mag bellen als ik een moeilijk moment heb. Wat een lieverds allemaal. Fijn om zo gedragen te worden.

Zondag
16 oktober 2022
8.40 uur

'De ware reden waarom deze specifieke gewoonte zo moeilijk te doorbreken is, zit in de schizofrenie. We zijn ervan overtuigd dat we echt iets opofferen. De drank verwoest misschien wel ons leven, maar onze hele levensstijl is er nu op gebaseerd. We geloven dat we zonder drank niet kunnen genieten van samenkomsten en we hebben er geen vervanging voor. Het leven lijkt volslagen ellendig zonder drank en daarom kan het zo moeilijk zijn ermee te stoppen.'
Uit: *Stoppen met alcohol*, Allen Carr

Gisteravond had ik voor het eerst nuchter een feestje. Nuchter een etentje had ik heus al wel vaker gedaan, maar ik kan me serieus niet herinneren wanneer ik voor het laatst nuchter een feestje hebt gevierd – en nog wel een feestje dat ik zelf gaf. Bij een feestje hoort een drankje. Nee, da's niet waar. Veel drankjes. Flessen wijn op tafel. Later de sterke drank. Ach, nog ééntje. Spelletjes spelen en totaal niet meer begrijpen wat de regels nu zijn en wie er ook alweer aan de beurt is. In een lachstuip belanden zonder reden, beschamende dingen roepen, dronken in bed belanden en de dag erna helemaal gesloopt zijn door intense hoofdpijn, een droge mond en zelfhaatgedachtes. Wat een feest!

Gisteren was het anders. Tegen het einde van de middag druppelt het gezelschap binnen, mooie taartjes van de patisserie komen op tafel, mét een fles champagne. Ik ben voorbereid: ik maak voor mezelf een Everleaf Sour en proost gezellig mee. Mijn drankje is misschien wel lékkerder dan die bubbels, dus ik mis niks.

Geen moment op de avond kom ik in de verleiding om een glas te drinken of een slokje te nemen van de grote hoeveelheid drank die op tafel komt. Flessen mooie wijn en vele blikken speciaalbier passeren de revue. Alleen bij het eten – Willem heeft een goed stuk picanha klaargemaakt – heb ik zin in een glas rode wijn. Maar goed, ik heb een alcoholvrije

Dark 'n 'Stormy voor mezelf gemaakt en dat is niet hetzelfde, maar óók lekker.

We gaan het spel 30 Seconds doen. Ik ga er altijd enorm in op. Ik ben die persoon die gaat schreeuwen, gillen, juichen – zo ben ik met spelletjes. Met alcohol, dan. Ik denk niet dat ik 30 Seconds ooit zonder drank op heb gedaan.
Maar ik heb lol.
Ik heb zoveel lol dat ik bijna in mijn broek plas van het lachen (en met wijn op had ik dat denk ik ook daadwerkelijk gedaan). Ik krijg precies mee waar anderen gekke dingen uitkramen, vastlopen en gaan stotteren of de raarste dingen roepen.

De wijn gaf niet de lol, dat was ik gewoon al die tijd zelf. Oké, en 30 Seconds. Alleen durf ik nu ook helemaal mezelf te zijn en de remmen los te laten zonder daar iets extra's voor nodig te hebben.

Normaal ben ik gefocust op mijn eigen beurt, nu krijg ik alle kleine momentjes mee van andere teams en ik ga kapot van de lol. Het hele idee van 30 Seconds is dat je in dertig seconden een aantal begrippen op een kaartje moet uitleggen aan je teamgenoot. Bijvoorbeeld 'SBS6', 'Britney Spears' of 'Nationale Nederlanden'. Natuurlijk mag je de term zelf niet gebruiken, je mag hem alleen omschrijven. Dat geeft bij sommige spelers erg veel druk (lees: ook bij mij) waardoor er gehaperd, gestotterd, gevloekt en geschreeuwd wordt.
Ook vanavond ben ik degene die staat te schreeuwen, gillen en juichen en nu weet ik: het was niet de alcohol die het leuk maakte. De wijn gaf niet de lol, dat was ik gewoon al die tijd zelf. Oké, en 30 Seconds. Alleen durf ik nu ook helemaal mezelf te zijn en de remmen los te laten zonder daar iets extra's voor nodig te hebben.

Ik kom deze avond zelfs door de ballotage voor een weekendje weg: 'Wil je niet mee, de volgende keer?'
Willem gaat twee keer per jaar met deze club van oud-colle-

ga's in een huisje zitten om samen spelletjes te spelen, lol te hebben en te drinken.
Rond een uur of tien is het een gevalletje *abort mission*. De gesprekken worden waziger en gaan van de hak op de tak, ik begin moe te worden (ook omdat ik verkouden ben en we al sinds vier uur 's middags bezig zijn), dus ik ga naar bed.
En nu ben ik uitgerust wakker geworden en kan ik nagenieten van een fantastisch leuke avond.

Alcoholvrij recept:

Virgin Dark 'n Stormy

Nodig

60 cl rumISH
paar druppels Angostura Bitters
veel ijs
aanvullen met gemberbier

Lekker kruidig, 'warm' en een beetje bitter.

Donderdag
20 oktober 2022
19.55 uur

Champagne. Champagne overal.
Mijn favoriete drankje éver.
De afgelopen drie dagen was ik in Parijs met een groepje vrouwelijke ondernemers. Business-training doorspekt met fijne etentjes, extravagante uitjes en heel veel gezelligheid. Je hoeft niet te raden wat dat nóg beter maakt. CHAMPAGNE.

In de limousine (ja, ik zei toch extravagant), bij de high tea in The Ritz, bij de cabaretshow: Overal. Is. Champagne.
Dat zou normaal mijn droom zijn. Oh, wat héérlijk. De hele dag nippen van dat feestelijke drankje en dan ook nog die ontspannen buzz. Hmmm. Ik herinner me een met bubbels doorspekt weekend in de Champagne-streek met Willem, waar einde ochtend de eerste glazen er al in gingen en het

pas stopte na het diner. De hele dag in een champagneroes. Jemig, hoe heerlijk was dat. Oké, behalve de dag erna dan. Of eigenlijk al tegen het begin van de avond, toen die drankjes van de middag hun aanslag pleegden op mijn lijf.

Ik drink bruiswater of een alcoholvrije bubbel en dat vereist best een beetje wilskracht. Voor de eerste keer in deze 31 dagen heb ik het lastig. Zeker omdat tijdens deze dagen wat frustraties, stress en emoties naar boven komen. Niet alles in mijn bedrijf loopt lekker en dat zit me dwars. Sinds tien dagen mediteer ik dagelijks en ben ik bewuster bezig met 'in mijn lijf zakken'. Echt voelen. Waar zit spanning, kan ik die loslaten? Wat voel ik eigenlijk? Ik voel alles, alles wat ik hiervoor makkelijk wegdrukte of -spoelde met een glas wijn. Na een pittige dag, of wanneer ik stress voelde, zorgde dat glas wijn – of drie – voor dat ahhhh-moment. Alsof je in een warm bad zakt. Bij de eerste slok ontspanden mijn schouders. Bij de tweede slok werd mijn hoofd lichter en leger. En bij het tweede glas wist ik helemaal niet meer waar ik me nu eigenlijk druk om maakte. Echt even loslaten. Dat is wat alcohol heel vaak voor mij deed.

Na een dag diepgaande gesprekken en tranen stappen we in een Uber om uit eten te gaan. Voor het eerst in deze maand voel ik een craving, een ontzettende trek in een glas wijn. En niet per se vanwege de smaak, maar om de spanning even weg te halen.
Ik gooi het direct in de groep ('Poeh, normaal zou ik nu de ontspanning zoeken in een glas wijn, maar ik drink niet meer.') en krijg veel begripvolle reacties van de dames waar ik mee ben ('Wat goed dat je gestopt bent!' 'Ik drink ook al jaren niet.' 'Je kunt dit.'). Het scheelt enorm dat de helft niet drinkt, en mede daardoor drink ik ook vanavond niet. En de dag erna mediteer ik. Zonder kater. Met iets te weinig slaap. De tranen stromen over mijn wangen, zoals al vaker deze dagen in Parijs.
Ik kan het niet meer wegspoelen. Spanning, zorgen, emoties, frustraties, stress: er is geen snelle *fix* meer om het lekker weg te stoppen. Ik voel een heleboel. Twijfels over mijn bedrijf. Doe

ik het wel goed genoeg? Kan ik dit allemaal wel? Arrrghhh, ik wil dat alles weer soepeltjes loopt en vooral dat ik me er niet zo over opwind. Het voelt alsof zich een vuist in mijn borst balt, alsof het stroef loopt en voor het eerst in mijn volwassen leven is er geen glas wijn om het weg te halen. Geen bubbels om het te fiksen. Er is nu maar een manier om dat te doen en dat is door het aan te kijken, het echt te voelen, het op te zoeken. Mediteren, erover praten, erover schrijven. Godver. Ik loop te worstelen met alles en ik verzet me ertegen. Ik moet erdoorheen. Een glas wijn is een stuk makkelijker.

Het voelt alsof zich een vuist in mijn borst balt, alsof het stroef loopt en voor het eerst in mijn volwassen leven is er geen glas wijn om het weg te halen. Geen bubbels om het te fiksen.

Tot nu toe zijn de leuke, feestelijke momenten voor mij nog niet de uitdaging. De lol en het plezier vind ik wel in mezelf. De zwaardere momenten vind ik moeilijker. De alcohol verdooft die normaal gesproken, haalt de scherpe randjes eraf, maakt het op het moment zelf even lichter en makkelijker. Nu er geen vergif meer is om me in te verschuilen, moet ik het op een andere manier aanpakken. Ik had het niet zien aankomen. Ik dacht dat ik niet zo iemand was die stress wegzoop met alcohol. Maar, dat deed ik dus wél.

Maandag
31 oktober 2022
10.47 uur

Niet drinken lijkt steeds normaler te worden voor mij. 42 dagen zonder een druppel drank, 545 euro bespaard, 4357 calorieën niet gedronken. Nog nooit dronk ik zo lang niet (oké, sinds mijn zestiende of zo). Afgelopen weekend gingen we borrelen en eten met vrienden hier thuis en ik heb plezier met mijn alcoholvrije biertje. Ik mis voor mijn gevoel helemaal niks.
Komende week begint een nieuwe alcohol-uitdaging: ik ga naar Curaçao.
Een maand.

”

42 dagen zonder een druppel drank, 545 euro bespaard, 4357 calorieën niet gedronken.

Een maand waarin ik normaal gesproken bijna elke dag wel zou drinken, en dat zou beginnen in het vliegtuig. Of misschien al wel in de lounge op Schiphol. Een glas bubbels om het te vieren. De reis. Proosten op het leven. Het is voor mij zo verbonden met reizen en met vakantie: een glas wijn bij het eten, een glas champagne in het vliegtuig, een biertje op het strand, een cocktail op een feestje tijdens zonsondergang. Elk jaar ga ik naar Curaçao en elk jaar is dat doordrenkt met alcohol. Om het leven te vieren.
Deze keer niet. Aan het begin van deze alcoholvrije reis dacht ik nog: misschien sta ik mezelf Curaçao wél toe met drank. Want het is toch wel jammer als ik niet kan drinken, daar. Nu denk ik: jammer waarvan? Inmiddels weet ik dat niet drinken de leuke momenten absoluut niet minder leuk maakt. Alleen dat het de zware momenten lastiger maakt, omdat ik door de emoties en de stress heen moet. Ik kan er niet meer voor vluchten.

Ik ga ervan uit dat mijn maand in de tropen genieten gaat zijn en dat ik geen heel zware stressvolle momenten zal hebben waarop ik snak naar een drankje. *Fingers crossed*. ;-)
Mijn vriendin Joia, bij wie ik de eerste twee weken verblijf, sprak me afgelopen weekend moed in. 'Ooo dushi, wat een goed idee om niet te drinken. Hier op Curaçao wordt zo ontzettend veel gedronken en het brengt ook zoveel problemen. Ik ga zorgen dat er een heerlijk alcoholvrij drankje voor je klaarstaat als je vrijdag aankomt, want we hebben zóveel om op te proosten.'

Een jaar geleden zei ik haar: 'Schat, over een jaar kijk je terug op deze periode en dan concluderen we dat je zóveel overwonnen hebt, en daar proosten we dan samen op.' Joia kreeg borstkanker, liet een borst amputeren en is nu helemaal gezond verklaard. Daar gaan we, zoals beloofd en zoals gepland, heel hard en heel vaak op proosten de komende weken. En daar hebben we geen drank voor nodig.

Ik heb er ontzettend veel zin in. En het is oké als het soms wél lastig is. Want dit is mijn eerste reis, mijn eerste vakantie zonder. En dus ook mijn eerste vakantie zonder katers, zonder slechte nachten van de drank, zonder nachtelijke paniekaanvallen, zonder moeizame ochtenden. De eerste vakantie waar ik overal heen kan rijden, geen taxi's of lifts hoef te regelen, de eerste vakantie waarbij ik niet hoef te plannen waar en wanneer ik hoeveel ga drinken.

Het idee is heel simpel. Ik drink gewoon niet.
En die stress van anderhalve week geleden? Ik heb het overleefd. Ik heb alles op een rijtje gekregen. Door naar de feiten te kijken. Te praten. Te huilen. Te mediteren. Te wandelen. Die gebalde vuist in mijn borst maar gewoon te vóélen. Uiteindelijk kan ik het aardig loslaten.
Zonder hulp van een fles met het een of ander.

Donderdag
3 november 2022
14.58 uur

'Cynthia, ik moet toch wel zeggen dat ik me zorgen maak om je.'
Ik kom net binnenwandelen na een blokje om met Kees en mama staat in de keuken. Elke donderdag komt ze hier thuis schoonmaken (en koffie drinken en bijkletsen).

'Huh, zorgen? Wat dan?'
Ik ga in m'n hoofd langs alle dingen waar ze zich zorgen om zou kunnen maken. Stress? Werkdruk? Bedoelt ze die zakelijke stress waar ik laatst mee zat? Zit ik te veel op m'n telefoon?

'Nou,' zegt ze, terwijl ze niet echt oogcontact maakt, 'ik zie een boek liggen over stoppen met alcohol. En vorige week ook al. En nu las ik gisteren iets op Instagram over niet drinken op Curaçao. Gaat het wel goed?'
Ik moet lachen en ben ook meteen een beetje geïrriteerd.
'Mam, het is lief dat je je zorgen maakt – wat niet hoeft. Maar het is toch eigenlijk heel raar dat je je zorgen gaat maken als ik al gestopt bén?'

”

Toch bijzonder.
Pas als je stopt, heb je een probleem.

'Nou, dan is er dus echt een probleem. Of ben je verslaafd? Of ben je niet daarom gestopt?'
'Ik ben gestopt omdat het me meer kostte dan opleverde. Maar toen Willem stopte met roken maakte je je toch ook geen zorgen?'
'Nee, maar dat is toch anders.'
'Sorry mam, dat ik wat geïrriteerd reageerde. Maar ik vind de beredenering zo gek. Dat ik niet meer drink en dat je je dán zorgen maakt.'
'Nou, ik zag helemaal voor me hoe we een interventie moesten doen. En misschien ga je wel naar een afkickkliniek in Zuid-Afrika of zo, in plaats van een maand naar Curaçao.'
Ik lach hardop. 'Natuurlijk niet! Als ik dat zou doen, zou ik dat toch tegen je zeggen.'

Toch bijzonder. Ik merk het online ook. Pas als je stopt, heb je een probleem. Alcohol is de enige drug waarbij dat zo is. Stop je met roken, coke, heroïne, speed: geweldig. Goed gedaan! Je kunt het. Stop je met drinken: gefeliciteerd, je bent alcoholist.

Vrijdag
4 november 2022
17.39 uur

Ik zit in het vliegtuig naar Curaçao. Met een kop kruidenthee en heel veel water. Geen champagne. En wat voel ik me lékker. Vroeger, lees: tot 46 dagen geleden, was een van de grote geneugten van businessclass vliegen de champagne. Zoveel champagne als je wilt. Het was mijn droom. Ik hóúd van champagne. Correctie: hield.

Gisteren las ik *Stoppen met alcohol* van Allen Carr uit, een echte klassieker als het gaat om stoppen met drinken. Hij ontwikkelde, net als voor stoppen met roken, de 'Easyway'-methode, en wendt zich qua overtuigingen en methodiek af van de AA.

Wat de basis van zijn hele boek is, is uitleggen:

- / wat alcohol eigenlijk is: een verwoesting van alles in je leven;
- / dat je niet hoeft te rouwen om het afscheid van verwoesting;
- / dat alle redenen waarom we drinken (zoals ontspanning, gezelligheid, de smaak) geen redenen, maar excuses zijn;
- / dat elke drinker zich op de schaal van alcoholisme bevindt. Matige drinkers bevinden zich alleen meer aan het begin van de schaal en stevige drinkers aan het eind.

Wat citaten van Carr die passen bij mij: 'Hij geloofde dat hij zonder alcohol niet van het leven kon genieten. En als je dat gelooft, is het ook zo.'
En aansluitend op mijn maand naar Curaçao: 'Was het minder speciaal voor mij omdat mijn drankje geen vergif bevatte? Was het moment specialer voor mijn vriend omdat het zijne wel alcohol bevatte? Nee. Waar we met of zonder het vergif altijd van hadden genoten en waarvan ik hoop dat we er nog vele jaren van zullen genieten, was de rest van het scenario. Wat ik wil zeggen, is dat alleen omdat alcohol genoegen *lijkt* te verschaffen, het niet zo is dat alcohol een situatie die al aangenaam is, nog beter maakt.'

Dit herken ik wel. De 'lading' rondom een fles bubbels, dat het 'speciaal' is, dat het 'feestelijk' is, dat we even góéd gaan genieten, weegt heel zwaar. Terwijl die bubbels het moment niet speciaal maken, dat doen we gewoon zelf.
Dat merk ik zelf ook steeds meer. Het plezier, het speciale zit 'm helemaal niet in het drankje. Al moet ik zeggen dat ik me nog best wat bijzondere momenten met een heel bijzondere champagne voor de geest kan halen, waarbij het drankje zeker wel onderdeel was van het speciale moment.

Het is aan mij om reizen en vakantie en tijd doorbrengen op een tropische plek om te ontspannen los te koppelen van alcohol. Het niet te zien als iets wat ik opgeef, of iets waar ik afscheid van moet nemen. Ik merkte al veel vaker deze bijna-vijftig-dagen dat ik feestjes, borrels en etentjes niet minder leuk vind zonder drank. Het enige wat ik niet heb is die rush die drank soms kan geven. Die fijne buzz. Dat gevoel en die euforie en blijdschap. Helaas was dat ook altijd snel weer weg, en heb ik nu geleerd dat drinken fuckt met je dopamineniveau.

Door te drinken boost je je dopamineniveau,[1] waardoor je je (even) gelukkig en euforisch voelt als je drinkt. Maar die niveaus worden lager in nuchtere staat, waardoor je praktisch gezien telkens weer alcohol nodig hebt om je goed te voelen. En je je minder gelukkig voelt op de momenten dat je niet drinkt. Dat geluksgevoel heb ik nu weer vaker 'van mezelf'. Dat gevoel waarbij ik op de tafel wil staan en wil juichen. Wil roepen: Wooohooo, het leven is geweldig!
Ik denk dat de dopaminereceptoren in mijn hersenen aardig beginnen te herstellen.

Ik ben nu drie uur onderweg. Normaal gesproken zou ik nu tegen mezelf zeggen: oké, nu stoppen met drinken als je een beetje fris het vliegtuig uit wilt komen. Drinken droogt je uit en vergiftigt je, maar in een vliegtuig lijkt dat effect er altijd nog harder in te klappen. Ik zeg 'lijkt', want het is niet alsof je aan boord sneller dronken bent. Ik denk dat je door de lage luchtvochtigheid en de druk in de cabine de negatieve effecten van alcohol gewoon intensiever en sneller voelt. Ik bedoel, ik voel me nu ook een beetje moe en mijn ogen prikken wat van de droge lucht. Normaal voel ik dat ook, maar dan keer vijf, en ik krijg ook nog eens knallende koppijn.

Dus ik kan niet zeggen dat ik er als een fris hoentje bij zit, maar ik durf wel te zeggen dat ik me beter voel dan normaal, en dat ik straks zéker frisser het vliegtuig uit stap.
Ik DM vanochtend met Esther van So.life Club, een community over de 0.0-lifestyle, met wie ik al eventjes fijn contact heb. Ze zegt me: 'Je jetlag is ook zoveel minder als je niet drinkt. Daar ga je echt van genieten.'

[1] www.drugrehab.com/addiction/alcohol/alcoholism/alcohol-and-dopamine/

En: 'Als je het zwaar hebt, mag je me altijd contacten.'
Let's go. Genieten. Op naar de zon.

Dinsdag
8 november 2022
19.21 uur

Dag vier op Curaçao en al heel wat drankjes níét gedronken. Net tijdens het eten had ik het erover met vriendin Kim. De eerste twee weken ben ik hier om op afstand te werken, en dat doe ik samen met haar. Het zou me normaal gesproken niet tegenhouden om te drinken, want 'het hoort er toch bij hier'.

Ik dronk net bij het eten een alcoholvrij biertje. Afgelopen week las ik daar iets bijzonders over. Als je alcohol drinkt, verhoogt dat dus tijdelijk je dopamineniveau. Je voelt je daardoor even zo lekker vrolijk en soms euforisch na een wijntje of twee. Het nadeel is dat je dopamineniveau als je níét drinkt dan veel lager is en je steeds meer drank nodig hebt om dat lekkere gevoel te krijgen. Nu blijkt uit onderzoek[2] dat je hersenen dus óók dopamine aanmaken als je een 0.0-biertje drinkt. Er werd een vergelijking gemaakt met een sportdrankje waarbij dit niet gebeurde.
Zelf merk ik dat ook bij alcoholvrije wijn, alcoholvrije cocktails of een alcoholvrij biertje. Het is denk ik de associatie met de alcohol waardoor ik er een geluksgevoel van krijg. Meer dan wanneer ik een cola drink. Heerlijk.

Kim vroeg me net of ik er moeite mee heb *so far* hier. Echt moeite niet. Maar er zijn wel momenten dat ik toch liever een drankje mét alcohol (lees: verwoesting, volgens Allen Carr) had gedronken. Zondagavond schoven we aan bij het net geopende restaurant Brass Boer, waar ik erg naar uit had gekeken. Ik ken de manager omdat hij in Zwolle ook manager was bij Brass Boer, en er staat direct iemand aan tafel met een fles champagne en twee glazen.
Het is de eerste keer sinds ik gestopt ben met drinken dat me iets wordt ingeschonken wat ik af moet slaan. Uit reflex zeg ik direct: 'Ik drink niet, heb je voor mij iets anders?' Ik schrik er gewoon een beetje van. Ik krijg een mocktail, maar ja zeg, ik

[2] www.sciencedaily.com/releases/2013/04/130415124710.htm

had echt wel liever dat glas champagne gedronken.
Een random glas wijn, bier of cocktail in een restaurant vind ik geen verleiding, maar een glas champagne ... Oef.
Kim vraagt of ze het oké vindt als zij hem wel neemt en natuurlijk vind ik dat oké, ik ga anderen niet verplichten mee te gaan in mijn keuzes en daarnaast geniet ik er ook van als zij ervan geniet.

Ik ervaar hier nu al twee grote voordelen van niet drinken. Het eerste is dat ik overal gewoon naartoe kan rijden. Waar ik in Nederland heel veel lopend doe of de fiets pak, rijd je hier op het eiland overal met de auto naartoe. En dat gebeurt véél met drank op.
Er wordt heel weinig gecontroleerd, omdat de politie geen goede meetapparatuur heeft en simpelweg te weinig mankracht. In 2018 waren hier 13.000 geregistreerde auto-ongelukken en maar liefst 75 procent van de verkeersdoden is alcoholgerelateerd.[3] Ik merk het ook om me heen: vrienden stappen makkelijk na enkele drankjes nog in de auto. Terwijl ik het rijden hier, zeker in het donker, een stuk lastiger vind dan in Nederland vanwege het wegdek dat niet overal tiptop in orde is en vanwege de vét felle koplampen waardoor je steeds verblind wordt.

Maar eerlijk is eerlijk, drinken en rijden deed ik ook. Ook thuis. Eén glas, soms twee. Mocht ik de keuze maken om wel weer te gaan drinken, dan doe ik dat in ieder geval nóóit meer. Ik begrijp totaal niet van mezelf waarom ik dat deed. Dat een glas wijn (lees: verwoesting) belangrijker is dan je eigen veiligheid en die van anderen in het verkeer.

Laatst was ik uit eten en hoorde ik iemand zeggen: 'We lagen pas rond een uur of vijf in bed, katjelam. Die ochtend heb ik vroeg een vriendin naar het station gebracht met de auto, volgens mij was ik nog hartstikke dronken.' Ik was zó verbaasd dat ik niet eens heb gereageerd. Hoe haal je zoiets in je hoofd, en nog erger: hoezo vertel je zoiets met een lach? Stel

[3] https://caribischnetwerk.ntr.nl/2019/05/27/anno-2019-staan-alcoholcontroles-op-curacao-nog-in-de-kinderschoenen/

je voor dat je iemand had doodgereden. Stel je voor dat een dronken iemand jou, je partner, je geliefde, je moeder, je vader doodrijdt. En ik kijk ook mezelf aan. Niet dat ik ooit katjelam achter het stuur heb gezeten, maar zeker wel onder invloed binnen 'de norm'. Maar waarom is die 'norm' er? Hoezo mag je überhaupt rijden met alcohol op?
Reden twee is dat mijn jetlag een stuk minder erg is. Oké, ik ben nog steeds om vier uur in de ochtend klaarwakker en ik word om middernacht ook nog eens wakker met het idee dat het tijd is om op te staan, maar ik heb in ieder geval niet nog éxtra slechte nachten door de alcohol. Ik heb geen hoofdpijn als ik wakker word en de uren die ik slaap, slaap ik diep en met een lage hartslag.

Cynthia vs. Verwoesting
1-0

Dinsdag
15 november 2022
18.18 uur

Goede gesprekken met mijn wijnvrienden op Curaçao. Claartje ken ik 'van de wijn', omdat we elkaar volgden op Instagram. Zij runde jarenlang een wijnstudio, eerst in Barcelona, later hier op Curaçao. Daar is ze begin dit jaar mee gestopt, maar wijn is vanzelfsprekend nog een grote passie en interesse van haar.
'Ik heb echt geen moeite met de random biertjes en wijntjes op het strand,' vertel ik haar. 'Dat zijn voor mij niet de moeilijke momenten. Want dat biertje of dat matige glas wijn is niet datgene waar ik zo ontzettend van geniet. Dat zijn de écht mooie glazen, iets wat ik zelf bij de wijnwinkel heb uitgezocht, waar ik echt voor ga zitten en van geniet, met vrienden, Willem of alleen.'

Zij vertelt me dat ze ook bewuster is gaan drinken. 'Ik dronk toch wel elke dag, het was zo verweven met mijn leven. Altijd bij het koken een glas. En daarna nog wel één of twee. Nu mag ik van mezelf vier glazen per week. Ik mag ze verdelen over de week en ik houd me daar ook aan.'

Wat ik na januari ga doen, weet ik nog niet. Ik neig naar niet drinken, en soms bij uitzondering een mooi glas. Maar dan dus écht iets moois. Zoals de Cristal-champagne die in de kelder ligt. Een kostbare fles waanzinnige champagne die ik deze zomer kocht in Oostenrijk toen ik een gehaald omzetdoel wilde vieren. Er liggen er twee in de kelder, want mijn motto was altijd 'één fles is geen fles'.

Ik vraag me tijdens het gesprek met Claartje hardop af of ik dat kan. 'Niet eens zeggen "X aantal glazen per week", maar alleen heel soms iets bijzonders. Want dat zijn de dingen die ik wel mis. Dat echt heel goede glas wijn waar ik ontzettend van kan genieten. Kan ik ervoor kiezen om héél soms te drinken, op een uitgekozen moment, zonder de random biertjes en wijntjes op random momenten?'

Ik denk dat ik dat kan. Ik weet niet of ik het ook wil.
Nu ik steeds meer lees en leer over alcohol vraag ik me af of ik het mijn lichaam nog aan wil doen. Aan de andere kant denk ik: leef een beetje. Heb ik daar alcohol voor 'nodig'? Nee. Dat kan ik met honderd procent stelligheid zeggen: zeker niet. Maar heb ik taart nodig om te leven? Of reizen naar Curaçao? Of koffie? Of suiker? Nee, maar het maakt het leven allemaal zoveel leuker, het geeft het meer kleur. Als ik soms drink, heel soms, dus niet wekelijks, maar eerder maandelijks, of minder, heb ik misschien geen problemen met de 'verwoesting'. Ik doe wel meer ongezonde dingen.

Op Instagram zie ik weleens filmpjes voorbijkomen waarin je ziet hoe iemand een caloriearme of gezonde variant van bijvoorbeeld brownies maakt. Een voice-over zegt dan iets in de trant van: 'Als je suiker, chocola en boter in je brownies vervangt door bonen, dadels en linzen, verlies je het laatste stukje plezier dat je nog hebt in je leven.'
Moet je altijd de gezonde, goede keuze maken?
Ik vind van niet. Het gaat om een bepaalde balans en op die manier met volle teugen genieten van het leven.

”

Ik vind sap als vervanging van een glas wijn dus echt zo rúk.

Of zit ik nu dingen voor mezelf goed te praten?

Vandaag reed ik langs een pizzeria. Ik dacht: hmmm, ik kan vanavond wel een pizza halen. In m'n tuintje, kaarsjes aan, *Kamp van Koningsbrugge* op m'n laptop en een glas lekkere rode wijn. Dan rijd ik even langs m'n favoriete wijnwinkel Servir Frais om een stevige, fruitige, wat oudere Italiaanse rode te kopen ... Oh ... wacht. Nee.
Ik heb ook meteen geen zin meer in die pizza. Goede pizza is voor mij verbonden met een glas goede rode wijn.
Hiervoor was Servir Frais altijd mijn vaste uitje. Urenlang kon ik daar zitten, ouwehoeren over wijn met de eigenaren Arie en Esther, proeven, kiezen, kopen. Dozen wijn laadde ik in in mijn huurautootje. Dat was echt een vast onderdeel van m'n vakanties hier.
Dat mis ik wel.

Ik twijfel geen moment over of ik tot en met januari niet drink. Maar ik twijfel wel over wat ik daarna doe. Het ene moment denk ik: ik trek het door naar een jaar. Ik ga een heel jaar niet drinken, tot en met half september. Het andere moment denk ik: ik raak dat gif nóóit meer aan. En weer een ander moment denk ik dus: ik kan heel soms genieten van iets heel moois. Heel bewust. Proeven. Genieten.

Wil ik dat? Ik weet het niet.
Gelukkig hoef ik nog niet te kiezen en kan ik erover nadenken. En de keuze is ook nooit definitief.

Allen Carr zegt: 'Realiseer je dat je niks opgeeft.'
En toch voelt dat stukje genieten van een heel goed glas wijn wel als iets wat ik opgeef. Het is een grote hobby van mij, wijn, alles wat met wijn te maken heeft, en dat begin ik wel te missen.

Zaterdag
19 november 2022
11.20 uur

Gisteren met een groepje vrienden uit eten geweest bij een restaurant annex wijnbar in Willemstad. Eerst een drankje bij een cocktailbar, waar de gastheer vol passie enorme verhalen vertelde over alle ingrediënten van een drankje. Heerlijk om naar te luisteren. Ook kwam een bijzondere fles Vermouth Perucchi op tafel – een drankje dat ik afgelopen zomer in Barcelona ontdekte en waar ik weinig van heb kunnen genieten, omdat ik vlak daarna stopte met drinken. Ook deze keer dus niet, en ik ging voor een mocktail met gember en citroengras. Héél smaakvol, niet te zoet, maar helaas geen lange verhalen vol passie bij mijn drankje.
Daarna naar het restaurant. Grote wijnkaart, vrienden zaten al aan de Nieuw-Zeelandse sauvignon blanc (ik kan het zó proeven zonder een slok te nemen, lekker friszuur, grasachtig, heel aromatisch, passievrucht), andere vrienden zaten te twijfelen over welke bubbels ze zouden nemen en als ik zou drinken, had ik zeker op een fles champagne getrakteerd.
'Wat heb je qua alcoholvrij?'
'We hebben een aantal sapjes.'

Ik vind sap als vervanging van een glas wijn dus echt zo rúk. Het gebeurt wel vaker in restaurants, dat er een sappenarrangement wordt aangeboden. Ik drink sowieso al bijna nooit sap, maar bij goed eten al helemáál niet. Het is zó zoet, daarnaast ben ik geen 5.
'Heb je ook iets van een alcoholvrij biertje of zo?'
'Ja, we hebben wel Heineken 0.0.'
Dat is beter, in ieder geval iets feestelijker dan water, en ik houd van de lichte bitterheid en dat het niet zo zoet is. Na twee glazen Heineken 0.0 en oesters, paling, bavette en mosselen wordt de derde (of vierde?) ronde wijn besteld en ik snuffel aan het glas van Nils. Een pinot noir, volgens mij uit Italië (nu ik niet meer drink let ik niet meer zo in detail op wat er op het etiket staat), en het ruikt als iets wat ik héérlijk vind.
'Wat knap joh, dat je gewoon kunt ruiken zonder de drang om een slok te nemen,' zegt Nils.

'Ah ja,' wuif ik het weg, 'ik doe gewoon één ding niet en dat is een slok nemen.'

Maar deze avond mis ik het wel. Het samen kiezen van een mooie fles van de wijnkaart. Overleggen. Vragen stellen aan de sommelier. Ruiken. Walsen. Nog een keer ruiken. De kleur bekijken – is-ie granaatrood, of toch meer paars? Hoe diep is de kleur? –, het alcoholpercentage inschatten (dat is een sport, hoor), en dan, het eerste kleine slokje. Genieten van een goed glas bij het eten.
Op dag 61 merk ik dat dat de momenten zijn dat ik het echt mis. Ik denk dat ik inmiddels beter met stress- en ontspanmomenten zonder alcohol om kan gaan. Door meditatie, door meer naar mijn lijf en hoofd te luisteren, en door de ontspanning in andere dingen te vinden en mezelf af te leren dat dat in een glas wijn of biertje zit.
Maar er is gewoon geen vervanging voor dat wijnmoment. Geen vervanging voor in een wijnwinkel voor een enorm wijnschap staan en dan de juiste wijn kiezen. De puzzel van een wijnkaart ontcijferen en uitzoeken of 2009 een goed jaar was in de Moezel (het antwoord is: ja, lekker droog en warm tijdens de oogst), verschillende wijnen proeven, luisteren naar verhalen over de wijngaard en de wijnmaker, ontdekken dat ik bij precies díé wijngaard ben geweest op een wijnreis, foto's opzoeken. Oftewel: ik mis mijn hobby die wijn heet.

Ik had verwacht dat tijdens een vakantie het lastigste zou zitten in momenten van ontspanning, dat biertje met die bitterbal op het strand, dat wijntje met dat kaasplankje op het balkon met een boek, en in momenten van spanning of onrust. Maar het zit hem dus in die horecamomenten met andere wijnliefhebbers. En in dat ik elke dag langs de wijnwinkel rijd en het liefst zou stoppen om de verhalen te horen en een doos wijn te kopen.
Aanstaande zaterdag gaan we barbecueën bij vrienden Joia en Max (bij wie ik eerder dit verblijf op Curaçao logeerde). Misschien koop ik voor hen wel twee mooie flessen wijn, zodat

ik wél kan puzzelen, uitzoeken, verhalen horen. Want dat kan nog steeds.

Dinsdag
22 november 2022
15.34 uur

Willem is er! Ik haal hem op van Hato met een Amstel Bright. Dat is traditie. Ook traditie is: op speciaalbierjacht op vakantie. In supermarkten speuren naar bijzondere biertjes die hij nog niet eerder gedronken heeft. Wat ik met wijn heb, heeft hij met bier. Jaren geleden deed hij een bieropleiding en hij geniet van bier zoals ik van wijn geniet. Eh, genoot.
En dus doen we dat nu ook. Het leuke is dat hier op Curaçao meer aanbod in alcoholvrij bier is dan ik had gedacht. Ik heb al een aantal heel lekkere biertjes geproefd. In de horeca blijft het over het algemeen beperkt tot Heineken 0.0, maar de supermarkten hebben aardig wat leuk aanbod.

Mijn favorieten tot nu toe:

/ **Uiltje Brewing Superbowl (0.2)**
Een IPA. Fris, licht, citrus. Niet zo dun van smaak als veel andere alcoholvrije bieren.

/ **Brussels Beer Project PICO Bello (0.3)**
Een Zero New England IPA. Romig, tropisch fruit, lekker bittertje en wat zuur.

Ook gewoon in Nederland en België verkrijgbaar, uiteraard.

Bijzonder is trouwens de wetgeving rondom ‘alcoholvrij’ bier. In Nederland mag bier alcoholvrij heten als het maximaal 0,1% alcohol bevat. In Europa is dat iets anders, dan is bier alcoholvrij als het minder dan 0,4% alcohol bevat. In Nederland heet dat dan weer alcoholarm. Ik heb besloten om in dit niet-drinkenproces ook biertjes met maximaal 0,3% alcohol te drinken, omdat je dit zowel niet proeft als ervaart.
Nog veel bijzonderder is dat in limonade of frisdrank een maximum van 0,5% alcohol kan en mag zitten als dat onbedoeld en onvermijdelijk is ontstaan door een natuurlijk gistingsproces. Dat gebeurt vooral bij gefermenteerde dranken zoals kombucha of dranken met vruchtensap.[4]

[4] www.trimbos.nl/kennis/alcoholvrije-dranken/wat-verstaan-we-onder-alcoholvrij/

Zondag
4 december 2022
15.48 uur

De vakantie zit erop. De vlucht terug naar huis zónder glas champagne zit erop. Inmiddels 76 dagen zonder alcohol zitten erop. In mijn hoofd was de grootste niet-drinken-uitdaging de vakantie. Eerdere gedachte-experimenten waarin ik plande om (even) te stoppen met drinken, strandden altijd bij 'nee, dan hebben we vakantie, dat is toch jammer' en nu heb ik het gedaan. Best een moment om even trots op mezelf te zijn.

Het was makkelijk en moeilijk tegelijk.
Makkelijk omdat ik inmiddels ervaren heb dat de leuke, vrolijke 'drinkmomenten' voor mij niet de grote uitdaging zijn. Ik geniet en heb lol zónder alcohol.
Moeilijk omdat ik ongemak en stress niet kan verzachten met een glaasje. Moeilijk omdat ik nu merk dat ik mijn wijnmomenten mis. Het uitzoek-, proef- en drinkritueel, het liefst samen met geliefden. Ik mis dat.

Tijdens een van onze laatste dagen op Curaçao zaten we te lunchen bij een van onze favoriete restaurants, Kome.
Een bekende kwam enthousiast hoi zeggen: de eigenares van de wijnwinkel waar ik altijd kom. 'Hey, Cynthia! We zagen al dat je op het eiland was, maar je bent nog helemaal niet langs geweest!'
'Nee, dat klopt, ik drink even niet.'
'Wat?' roept ze met een glimlach uit. Ik lach hardop, mijn tafelgenoten lachen mee. 'Jíj drinkt niet?'
Ik heb gelukkig niet zoveel tijd om er iets op te zeggen, het gesprek gaat al snel over een wijnmaker die op bezoek is met wie ze wijn gaat proeven, dus ik kan comfortabel achteroverleunen en meeluisteren.

Ja, Cynthia die niet drinkt.
Dat is even schrikken.
Die opmerking kreeg ik op Curaçao meerdere keren. En ik snap het, want Cynthia die niet drinkt? Cynthia die altijd de wijnkaarten uitpluist, vragen stelt over de rassen, met plezier veel

geld uitgeeft (lees: investeert!) in een goede fles.
Cynthia die zegt: 'Dit móét je proeven!' en Cynthia die een kelder vol heeft met goede wijn die daar nog heel wat jaartjes kan liggen rijpen.
Ben ik die Cynthia nog?

Maar hoe meer ik lees en uitzoek over alcohol, hoe meer ik me afvraag of ik nog terug wil naar die Cynthia. Gisteren googelde ik wat over hoe verbranding van de huid werkt, omdat Willem verbrand was van de zon. Ik vind het dan interessant om te weten wat er precies gebeurt in de huid en in het lijf, en uiteraard belandde ik snel op de website van het KWF. Het lijkt wel een soort universele wet dat je altijd uitkomt op kanker als je dingen over je gezondheid opzoekt. Naast het artikel over huidverbranding (en huidkanker) spotte ik al snel een artikel met de titel '7 soorten kanker die je kan krijgen door alcohol'. Borstkanker staat hierbij bovenaan. 'Drink je alcohol? Dan is je risico op borstkanker groter. Zelfs met 1 glas per dag is je kans al wat groter. Hoe meer je drinkt, hoe groter het risico wordt. Drink je meer dan 5 glazen? Dan heb je 1,5 keer zoveel kans op borstkanker als iemand die niet drinkt.'[5] En er zijn dus nog zes soorten kanker waar je meer kans op krijgt door te drinken, namelijk darmkanker, keelkanker, leverkanker, mondkanker, slokdarmkanker en strottenhoofdkanker, en op dit moment wordt nog onderzoek gedaan naar meer soorten kanker die een relatie hebben met alcohol. Je hoeft niet in de goot te liggen met elke dag twee flessen wijn voor deze verhoogde kans, ook al bij één glas per dag is het risico groter.

Een vriendin zei laatst: 'Ik kies mijn risico's bewust. Ik drink graag een aantal glazen wijn per week, niet alles is gezond in het leven, je kunt ook doodgaan als je in de auto stapt.' Dat is waar. Maar er is zóveel bekend over hoeveel gezondheidsrisico's er aan alcohol kleven, dat ik mezelf dus afvraag of ik daar nog naar terug wil. En elke keer denk ik aan Allen Carr die het met hoofdletters VERWOESTING noemt.
Ik kan het niet meer ont-denken.

[5] www.kwf.nl/waar-kun-je-kanker-van-krijgen/kankersoorten-door-alcohol

Op Curaçao was het constant zo'n 28 graden. Net laat ik met Willem Kees uit – hier is het rond het vriespunt. Het is grauw en ijzig koud. 'Weet je wat voor moment het is?' vraag ik hem. 'Een moment voor een glas rode wijn.' Ik ben meer een wit-drinker – of moet ik zeggen was – maar op dit soort momenten vind ik een glas rood zó lekker. Buiten koud. Binnen knus met een kaarsje en dekentje. Goed boek of mooie film. Dat is tóch anders met een glas water. Ja, niet dan?
Ik realiseer me dat ik een fles alcoholvrije rode wijn in de kelder heb liggen. De Kolonne Null Cuvée Rouge, een pinot noir. De eerste alcoholvrije rode die ik in deze periode proef. Spannend, want ik heb weleens eerder alcoholvrije rode wijn gedronken en dat was niet te drinken. Een soort stroef, licht-zoet druivensap. Goor.
Maar ik word verrast. Wat ik zo lekker vind aan rode wijn, zit erin. Er zitten tannines in, dat wat een beetje dat wrange gevoel in je mond kan geven. Het is fruitig, maar ook een beetje bitter. Op een goede manier. Het is niet hetzelfde, maar het raakt voor mij wel nét dat wat ik lekker vind bij rode wijn. Bingo!

Voor mij werkt het erg goed om dit soort momenten te vervangen. Ik lees daarover verschillende meningen. De een zegt: probeer het niet te vervangen, ga gewoon mee: wat anders doen. De ander zegt: als het je helpt niet te drinken en het zorgt niet voor een craving, prima. Ik gebruik het alleen op momenten dat ik anders alcohol had gedronken en geen zin heb om een glas water te drinken. Als ik zin heb in de beleving van wijn. Al snap ik wel dat veel mensen die stoppen met drinken er bewust niet voor kiezen, omdat de associatie met alcohol te sterk is. Daar heb ik geen moeite mee, ik snuffel ook gerust tijdens een etentje aan wijn van tafelgenoten omdat ik benieuwd ben hoe het zal smaken, ik kom dan niet in de verleiding om een slok te nemen.

Resumé van de vakantie: minder moeilijk dan gedacht. Als het leven naar je lacht en de zon schijnt (letterlijk en figuurlijk), is

”

Resumé van de vakantie:
minder moeilijk dan gedacht.

niet drinken een stuk eenvoudiger. Eén moment ben ik in de verleiding gekomen een slok van de cava van Willem te nemen toen we chic uit eten waren. Ik zei het hem en hij zei meteen: 'Nee joh, niet doen.'

Dag 76. December is aangebroken met de kerstdiners en -borrels. Ik verwacht dat ik het niet per se moeilijk ga hebben – wel dat ik soms, net als de afgelopen maand, dat fijne glas wijn zal missen. Een vriendin appte afgelopen week: 'Cynt, ik realiseer me dat je dus met oud & nieuw ook niet drinkt 😱.' 'Jep', stuurde ik terug. Ik realiseer me dit natuurlijk al een hele tijd, en omdat ik zo'n enorme hekel heb aan de verschrikkelijke katers op 1 januari, kijk ik juist enorm uit naar een fris begin van het nieuwe jaar. Vroeg pieken met de jaarwisseling en waarschijnlijk een vrij vroege abort mission om niet tussen de lallende mensen te staan. We gaan het zien.

Alcoholvrije tip:

Cuvée Rouge No. 2

van Kolonne Null

Echt de rodewijnervaring, met zachte tannines en wat bitters. Fruitig, met kersen en bramen, maar ook wat stalligs. De eerste alcoholvrije rode wijn die ik echt lekker vind.

Dinsdag
20 december 2022
15.16 uur

Midden in het kerstgeweld! Kerstdiners, kerstborrels, kerstfeestjes, kerstpakketten. Normaal gesproken dé periode waarin ik zwem in de wijn. Het mag, want het is kerst! Nu is het oké om Het Probleem even te negeren, want het is feest! En als het feest is, mag je heel veel drinken zonder dat iemand daar vragen over stelt. Er worden eigenlijk pas vragen gesteld als je niet drinkt, want dat is gek. Zeker met de feestdagen. Hét moment dat het praktisch geaccepteerd is om bij de kerstbrunch al te beginnen met drinken.
'Dit zal wel moeilijk voor je zijn, hè,' vraagt een collega van

Willem tijdens ons kerstdiner afgelopen zondag waar de wijn rijkelijk vloeit.
'Dat valt eigenlijk wel mee, maar ik vind het tijdens dit soort dingen wel jammer als ik vergeten word,' zeg ik terwijl ik mijn zelf meegebrachte 0.0-gin-tonic drink.
Ik vertel over ons etentje van afgelopen vrijdag. Willem en ik waren elf jaar samen en gingen bij een goed restaurant uit eten. Arrangement met alles erop en eraan.
'De sommelier kwam natuurlijk aan tafel om te vragen wat we wilden, en hij bood me een alcoholvrij arrangement aan. Willem werd bij elke gang bijgeschonken, maar ik werd steeds vergeten. Uiteindelijk heb ik drie keer om een drankje moeten vragen en toen heb ik het opgegeven. Het begon me echt te irriteren.'
En wat denk je, ik moest wel gewoon de volledige arrangementsprijs betalen.

Inmiddels weet ik dat ik het een van de meest vervelende dingen vind aan niet drinken: vergeten worden. Terwijl ik dit vertelde aan tafel, realiseerde ik me helemaal niet dat ze me ook die avond vergeten waren. Elk stel maakte een gang en we regelden daar ook allemaal een drankje bij voor het gezelschap. Maar alleen de chef van het hoofdgerecht had een 0.0-optie voor mij en de andere niet-drinker aan tafel geregeld, de rest was het vergeten, dus ik was blij dat ik zelf wat drankjes meegenomen had.

Het is alsof mensen ervan uitgaan dat je wel oké bent met water als je niet drinkt. Hey, *first world problems*, maar ik wil óók een mooi glas, een zinnenprikkelend drankje, iets wat er *pretty* uitziet en ik wil geen cola en geen sapje. En schenken jullie me ook bij?
Gelukkig is het soms wel op orde, hebben ze bij sommige restaurants echt waanzinnig goede alcoholvrije cocktails en word je niet als een soort tweederangsburger behandeld omdat je geen gif in je keel giet. Laten we het beestje maar bij de naam noemen – zo is het toch? Eigenlijk héél erg raar.

Met een collega had ik het tijdens ons kerstdiner over alcohol. Ze vroeg: 'Maar kun je niet gewoon één glas drinken, dan?'
'Nee, dat is dus juist het hele probleem. Dat kon ik vaak niet. En als ik het wel kon, had ik ook van dat ene glas een kater.' Ik vertelde haar over wat ik mijn haatkaters noem. De katers vol zelfhaat.
'En kun je dat dan niet gewoon plannen? Dat je weet: ik heb een kater en dan plan ik die ochtend gewoon niks?'
'Ik zou eigenlijk niet weten waarom ik dat zou willen. Voor mij is de lol of het genot van een glas drank niet zó groot dat ik dat ervoor over heb. De frisse, katervrije ochtenden vind ik nu juist het fijnste van niet drinken. Ik weet niet of ik ooit nog ga "plannen" dat ik een kater heb zodat ik kan genieten van een of meerdere glazen wijn, eigenlijk.'

Toen ik er later nog over na zat te denken, ging ik het steeds raarder vinden. Dat we hele dagdelen, dagen, weken afschrijven omdat we dan een kater hebben, omdat we de avond of nacht ervoor onszelf volgooien met alcohol. Ik vraag me af of dat het waard is. Ik heb net zoveel lol zonder een glas.

Ik begin nu ook te merken dat ik mentaal veel rustiger ben geworden. In de app Headspace, waarmee ik elke dag mediteer, kan ik elke twaalf dagen een klein testje doen om te checken hoe het zit met mijn paniek- en stressgevoelens. In oktober waren ze bij mij nog 'gemiddeld' volgens deze testjes en nu zitten ze beide op 'minimaal'. Ik wil niet zo'n irritant persoon worden die álles wijt aan het niet-drinken, maar ik denk wel dat het alcoholvrije leven hier iets mee te maken heeft. Ik voel me veel stabieler en heb de laatste twee maanden geen enkele keer de behoefte gehad om vanuit stress of onrust een fles open te trekken. Die neiging had ik in oktober wel heel sterk, en ik vond het toen echt moeilijk om niet aan het einde van de werkdag of -week een drankje te nemen om 'de scherpe randjes eraf te halen'.

”

I did it! Honderd dagen alcoholvrij.

Woensdag
28 december 2022
11.06 uur

I did it! Honderd dagen alcoholvrij. Het voelt als een grote mijlpaal en ik deel er vandaag een kort filmpje over op Instagram. Jemig, honderd dagen! De tijd is verstreken, ook zonder alcohol, en ik heb er echt geen minder leuk of saaier leven door. Sterker nog, ik voel me energieker dan ooit. Ik word overladen met felicitaties en positieve berichten. Ook veel mensen die reageren dat ze door mij overwegen te stoppen, of door mijn posts al gestopt zijn met drinken. Wow, wat vet. Fantastisch om blijkbaar op dit vlak een inspiratie te zijn. Ik krijg ook enorm veel vragen naar fijne alcoholvrije drankjes, dus die ga ik binnenkort in een blogpost delen. Ik voel me vandaag éxtra energiek en blij en de endorfine vliegt me om de oren.

Oh ja, het was ook nog kerst! Kerst zonder wijn was praktisch gezien geen issue. Ik had allemaal erg lekkere drankjes meegenomen bij beide kerstdiners bij familie, en het leuke was: bijna iedereen wilde lekker met me meedrinken van mijn drankjes. Zowel de bubbels als rode wijn en mijn sparkling tea vielen in de smaak. Snap ik, want het is ook allemaal ontzettend goed van smaak en je mist de alcohol totaal niet! Leuk dat iedereen er nieuwsgierig naar is en ik heb fijne gesprekken over het alcoholvrije leven gevoerd. Was ik vroeger een *winefluencer*, nu ben ik een 'alcoholvrijer'. En ik leer toch steeds meer dat het gaat om een goed smakend drankje, en niet om het gif dat erin zit. Of erin hoort.

Alcoholvrije tip:

Hojicha Sparkling Tea

van Saicho

Dit is mijn favoriete sparkling tea. Ja, het smaakt naar thee, met ook dat bittertje wat het soms kan hebben. Maar dan ook lichtzoet en met bubbels. Als ijsthee, maar dan wat verfijnder en complexer.

”

Ik leer toch steeds meer dat het
gaat om een goed smakend drankje,
en niet om het gif dat erin zit.
Of erin hoort.

Januari - maart

Nieuwe gewoontes

Zondag
1 januari 2023
17.25 uur

Gelukkig nieuwjaaaaar! Qua feestdagen toch wel dé test voor mij, want ik denk dat er de afgelopen zestien jaar geen 1 januari was waarop ik géén kater had.

Oud en nieuw is synoniem voor zuipen. Een heel lange avond heel veel zuipen. Iedereen verwacht dat je gaat zuipen, dus het is doodnormaal als je lekker meedoet. Inclusief een nieuwjaarsdag die volledig afgeschreven kan worden. In bed, met verschrikkelijke koppijn en nog ergere mentale zelfkastijding. Wat een rotbegin van het nieuwe jaar eigenlijk.

Ik vind oudjaarsdag altijd twijfelachtig. Ook al ga ik nooit naar grote feesten en plan ik nooit heel veel bijzondere dingen, ik ben altijd een beetje melancholisch en ik krijg een gekke mix van fomo en nergens-zin-in. Zo ook vandaag. Tegen het einde van de middag maak ik met Willem nog een wandelingetje door de wijk. 'Pffff,' verzucht ik. 'Ik heb helemaal geen zin in dingen vanavond. Ik wil gewoon op de bank hangen met jou.'
'Nou, dan doe je toch niks?' zegt hij, terwijl hij een arm om me heen slaat. 'Je hoeft helemaal niks vanavond. Ik kan tot de jaarwisseling bij jou blijven en dan ga ik gewoon alleen.'
Vrienden komen langs voor een borrel, een oliebol en een spelletje en de planning is dat we vanavond naar een feestje bij andere vrienden thuis gaan. 'Mehhh, ik weet het niet. Ik kan net zo goed gewoon gaan en even kijken of het leuk is. Maar met alcohol zou het makkelijker zijn geweest, denk ik. Dan heb ik sowieso wel lol door de drank. Nu moet ik meer m'n best doen.'

Ik besluit bij thuiskomst, ondanks dat ik een glas champagne nu wel mis, mijn meest glitterende glitterpak aan te trekken (is het om te compenseren?), me op te maken en een fles sparkling tea open te trekken. Harold en Harma bellen aan en het is direct gezellig. We steken sterretjes af, eten oliebollen, een kaasplank en we spelen 30 Seconds, mijn favoriete spelletje. Inclusief geschreeuw en gegil.
De sfeer zit er snel goed in en om halfelf besluit ik tóch naar

Alcoholvrije tip:
Classico – Non-Alcoholic Sparkling
van Lyre's

De lekkerste bubbels die ik tot nu toe geproefd heb. Eerder al in blik gedronken, uit fles smaakt-ie beter, maar dat zit misschien tussen mijn oren. Fris, fruitig, goed droog en een lekker bittertje.

onze vrienden te gaan voor het tweede deel van deze avond. Ik kan altijd weer snel naar huis gaan als ik het zat ben, want ik ben met de auto en ben dus zo weer weg. Als ik mijn jas uittrek heb ik meteen vijf mensen om me heen staan die tegen me aan kletsen omdat mijn pak zo de aandacht trekt. Meteen een onderwerp van gesprek. Sommige mensen hebben al aardig doorgedronken en hebben niet door dat het niet nodig is om heel hard in mijn gezicht te schreeuwen. Ik grinnik en maak me los van de schreeuwerds.
Het is een fijne avond, vol gezelligheid, geklets, nieuwe en oude bekenden en ook een aantal aardig dronken mensen, waar ik wel om kan lachen. Het is immers oudjaarsdag, ik ben hier de vreemde eend in de bijt, niet zij. Om twaalf uur gaat er een enorme fles prosecco open, maar ik heb mijn flûte al gevuld met mijn alcoholvrije bubbel, die overigens lekkerder is dan prosecco. We proosten op het nieuwe jaar en we kijken naar vuurwerk. We dansen. Ik headbang op *Nobody's Wife* en ga om kwart over twee naar huis als de gesprekken toch wat lastiger gaan – en dat ligt niet aan mij.

Wat me opvalt is dat niemand doorheeft dat ik niet drink. Mijn fles Lyre's ziet er heel chic uit, alsof het champagne is, en ik sta net zo dom te dansen als iedereen die wel drank achter de kiezen heeft. Het is fijn dat het geen onderwerp van gesprek is vanavond. Hoe heerlijk het ook is om er soms over te praten, soms wil ik gewoon dat het normaal aanvoelt. En dat voelt het niet als er steeds over gepraat en naar gevraagd wordt.

Vanochtend werd ik fris en fruitig wakker. Nou, niet helemaal, want ik had hoofdpijn. Van het headbangen deze keer, niet van de alcohol. Ik geniet van mijn nieuwjaarstraditie, wentelteefjes maken van oude oliebollen, en doe zelfs een pittige HIIT-work-out. Ik ruim op, ik wandel, ik zet de cijfers van mijn bedrijf van 2022 op een rij en ik ben súpertevreden.
Nóg een test doorstaan.
Mijn eerste katervrije 1 januari sinds zestien jaar. Pfff, dat is de helft van mijn leven. Het bevalt goed.

Zondag
8 januari 2023
16.40 uur

Dry january is in full swing. Ik vind het tof om te zien hoeveel mensen het jaar 'droog' starten en er wordt ook veel over gedeeld in de media, zowel traditionele media als online. Al zullen veel van deze mensen na januari weer 'gewoon' gaan drinken, het is mooi dat er zo steeds meer bewustwording ontstaat over hoe 'normaal' we alcohol zijn gaan vinden en dat het goed is om daar even bij stil te staan.

Afgelopen week was ik twee dagen op pad met de Mastermindgroep. We komen dit jaar acht keer samen, waarvan twee keer met overnachting én een 'oncomfortabele activiteit' om eens lekker uit de comfortzone te gaan.
Vrijdag, de eerste dag, zitten we samen om tafel om onze strategieën voor 2023 uit te stippelen en we helpen elkaar met dingen waar we tegenaan lopen. In de avond gaan we uit eten bij een goed restaurant. Zodra ik wil aangeven dat ik graag alcoholvrij drink, blijkt dat de hele tafel dit doet! We zijn met z'n achten en niemand drinkt. Wow. Dat heb ik nog niet meegemaakt en wat voelt dat lekker. Het is vanavond normaal om niet te drinken. En de drankjes zijn fantastisch. Vooral de ijsthee van gerookte zwarte thee (lapsang souchong) met limoensap en bruiswater vind ik te gek. Lekker rokerig en diep van smaak.

Die avond horen we wat voor 'oncomfortabele' activiteit we gaan doen op zaterdag. Ik zoek dat soort activiteiten ook zelf weleens op. Alleen al in het sporten, maar ook door regelmatig een ijsbad te nemen – en je kunt meditatie op zich ook al oncomfortabel noemen. Ik doe dit omdat ik weet dat buiten de comfortzone de groei ontstaat. Dat klinkt lekker cliché, maar ik leer het meeste van moeilijke of pijnlijke situaties. Die zijn er sowieso wel in het leven: in relaties, in werk, in gezondheid, in mijn lijf. En ik vind het nuttig om ze soms bewust op te zoeken, omdat ik elke keer opnieuw leer dat de rust en de veiligheid, de zekerheid in mij zit. Ook in deze zoektocht naar het alcoholvrije leven kom ik telkens uit bij mezelf. Zekerheid, rust, veiligheid: we moeten het in onszelf vinden, in ons hoofd, in ons lijf.

We gaan een zweethutceremonie beleven. Een eeuwenoude ceremonie uit noordelijk Amerika die zorgt voor reiniging op vier niveaus: fysiek, emotioneel, mentaal en energetisch. Nou, ik ben meteen gestrest. Alleen al omdat ik niet weet wat er gaat gebeuren. Ik ben plotsklaps echt bang voor de zweethut. Ik weet niet wat ik kan verwachten, hoe het gaat zijn, hoe het gaat voelen. Hoe ik erop zal reageren. Ik weet niet waarom ik dit precies ga doen. Het enige wat ik weet is dat het oncomfortabel gaat zijn, een uitdaging. Daar heb ik helemaal geen zin in! Weerstand! Abort mission!

Als een berg zie ik ertegen op. Ik raak niet in paniek, maar ik loop er wel meteen enorm over te malen. Hoe werkt dit, wat gaan we precies doen, wat is het nut, wat gebeurt er precies, hoe reageer ik erop, kan ik er wel uit als ik het niet trek, wat als ik flauwval, wat als het niet goed gaat, moet ik naakt, word ik vies, wat moet ik aantrekken, wat moet ik meenemen, welke mensen zijn er allemaal en kan ik niet gewoon een planning krijgen van de hele dag?

Het antwoord op de meeste van deze vragen heb ik niet, de meeste – op de praktische na – stel ik ook niet. Ik googel wel naar hoe zo'n zweethut er dan uitziet en ik ontdek al snel dat het een ceremonie betreft die een hele dag duurt. En dat iedereen het anders ervaart. Ik leer ook dat het daadwerkelijk zitten in de zweethut in meerdere rondes gebeurt, onder andere voor elke windrichting één. En ik weet dat ik de spanning die ik voel niet kan wegdrinken.

Vol zenuwen ga ik naar de locatie waar we de ceremonie doen. Ik kan het soms best even loslaten en ik weet: dit komt wel goed, ik kan dit, en als ik het niet kan, dan is het ook prima. Het wordt vanzelf weer avond en dan is het voorbij. Toch ben ik ontzettend nerveus.

Het opbouwen van de hut, een ronde lage 'tent' gemaakt van wilgentakken waar doeken overheen worden gelegd, doen we samen. We zijn met ongeveer 25 mensen en na een uur of twee gaan we voor de eerste ronde de hut in. Allemaal begeleid met rituelen en ook (gelukkig) wat praktische uitleg van watergieter Jeroen. Ik zorg dat ik een plekje heb vlak bij de deur, mocht ik het niet trekken. De hut is niet groot, je zit met elkaar aardig bil aan bil en al vind ik dat normaal helemaal niet prettig, dat is waar ik me nu helemaal niet druk om maak. Ook omdat iedereen het spannend vindt, merk ik dat het juist fijn is om met elkaar te zijn. Iedereen geeft elkaar geruststellende blikken, een knikje, een glimlach.

Als de eerste stenen de put in gaan midden in de hut, kan ik de spanning niet meer vasthouden en begin ik te huilen. Mijn buurvrouw, van wie ik later hoor dat ze Anna heet, geeft me haar hand en fluistert me toe: 'Ben je bang?' Ik knik. 'Ik ben ook bang,' zegt ze. 'Het komt goed, we kunnen dit.' Watergieter Jeroen, die de ceremonie begeleidt, ziet ook dat ik huil en vraagt of ik oké ben. Ik zeg ja en vertel dat ik alleen maar bang ben. Ik voel me een beetje een zwakkeling dat ik meteen zit te huilen, maar de mensen hier geven me het gevoel dat het oké is om los te laten wat losgelaten moet worden.

De ceremonie begint en telkens komen er nieuwe stenen in de put. Jeroen giet water over de stenen en het wordt steeds wat

warmer. De deur gaat dicht en het is donker. Zo donker dat ik niks zie. Vooraf zegt hij: 'Het is gewoon net alsof je je ogen dicht hebt. Er is niks engs aan.' Als kind ben ik altijd enorm bang geweest voor 'het donker', maar hier voelt het heel geruststellend en kan ik me helemaal op mezelf focussen.
De warmte bouwt op in de hut en met elke keer dat er water op de stenen komt wordt het warmer. Er wordt gezongen en getrommeld en ik focus op mijn ademhaling. Het enige waar ik mee bezig ben is zorgen dat ik rustig ademhaal. Hier komt mijn meditatie-ervaring goed van pas. Sinds half oktober mediteer ik dagelijks en ik merk elke dag dat het me helpt, omdat ik daardoor heb geleerd altijd naar mijn ademhaling terug te keren als ik het zwaar heb. Dat lukt in de hut ook echt goed. Tijdens het opgieten ga ik steeds een beetje meer naar mezelf, blijf ik rustig ademen. Als het te warm wordt, buig ik wat voorover in mijn kleermakerszit. De grond is koud, beneden is het koeler, en al tijdens de eerste ronde merk ik dat het enorm helpt als ik mijn hoofd naar de vloer beweeg, en mijn handen en voeten in het koude zand – en later de modder – duw.

Zodra de deur opengaat komt de koele buitenlucht binnen. Is dít het? denk ik. Ooooooo. Dit kan ik. Dit kan ik! Ik voel me steeds rustiger worden en hierna volgen nog vier rondes. Voor elke windrichting één en een ronde om af te sluiten.
Zoals verwacht wordt het steeds heter. Elke ronde worden er nieuwe stenen binnengebracht en komen er emmers water de hut in. Ik kan logischerwijs wel bedenken: hoe meer stenen en water, hoe heter. Maar ik weet ook: ik kan dit wel. Ik vertrouw op mezelf. Ik blijf gewoon rustig ademen.
En dat is wat ik doe. De latere rondes worden inderdaad steeds warmer, zo warm dat het pijn gaat doen aan mijn armen, mijn rug. Ademen wordt lastiger, het voelt verschroeiend aan in mijn longen en neus. Ik beweeg steeds meer naar de grond en ga uiteindelijk in foetushouding liggen. Later met mijn handdoek over me heen, zodat ik de hitte net wat minder voel, net als de hete druppels die van de wilgentakken druppelen.

Als de eerste ceremonie klaar is, ga ik buiten bij het vuur zitten. Ik staar voor me uit en voel me ontzettend rustig. In mijn hoofd gebeurde er weinig de laatste, wat zal het zijn, twee uur? Tijd is totaal irrelevant hier, het bestaat gewoon niet. Het enige wat er is, is ikzelf en het ademhalen. Het voelt zo fijn, er is niks. Geen zorgen, geen drama, geen gedoe, geen angst, geen schuldgevoel. Ik ben volledig hier. Ik ben niet in paniek geraakt. Ik voel een beetje trots dat ik dit gedaan heb. En ik weet meteen: de tweede ceremonie ga ik ook meedoen.
In de pauze sta ik te kletsen met de ondernemers met wie ik hier ben en ik vertel dat ik tijdens die ene heel hete ronde op de grond ben gaan liggen met mijn handdoek over me heen. Ze maken grapjes dat ik valsspeel en daar lach ik hard om. Dit had ik zelf namelijk ook al bedacht. Dat ik het maar half gedaan heb, omdat ik niet rechtop ben blijven zitten.

De tweede keer ga ik totaal rustig naar binnen. Ik vind mijn plekje op de modderige grond. En deze keer is het alsof ik de hele ceremonie lang in een meditatieve staat ben. Ik adem. Ik luister naar de zang van de groep, soms zing ik mee. Ik luister naar de wijsheden die tussen de rondes worden gedeeld. Ik geniet van het respect voor elkaar en de ruimte die iedereen krijgt voor zijn of haar emoties en ervaringen. Ik voel een intense rust die ik nog niet vaak ervaren heb. Een totale tijdloosheid, alsof er niks anders is dan ik en mijn ademhaling. De warmte. Het voelt als een enorme vakantie waarin ik diep bij mezelf kom. Ik kan alles loslaten.

De hut is voor mij een enorme spiegel voor hoe ik door het leven ga.
Angstig.
En ik wil controle over alles hebben door precies te willen weten wat er gaat gebeuren.
Als ik dat niet weet, ben ik onrustig. Ik heb de feiten, de planning, de voorbereiding, het wéten, nodig om veilig te zijn. Denk ik. Terwijl tot nu toe alles in mijn leven is gelukt. Ik leef nog. Ik heb het allemaal gehaald. Ik ben er nog. Alles wat het

leven me tot nu toe voor de voeten heeft gegooid, heb ik aangekund. Ook als ik niet wist dat het zou gebeuren, ook als het anders was dan ik had gepland, ook als ik me er niet op kon voorbereiden. De veiligheid zit altijd in mij. Ik kan altijd terug naar mezelf. Ik heb in feite niks of niemand nodig om me veilig te voelen, want ik kan altijd focussen op mijn ademhaling en het hier zijn. Vluchten hoeft niet. Nergens in.

Daarnaast is het leven geen wedstrijdje. Jeroen zei tijdens de tweede ceremonie: 'Je kunt de hut niet verkeerd doen. Er is geen "manier" om de hut te doen. Je bent hier. Of je nou kaarsrecht rechtop zit, of op de grond ligt, het is allemaal goed.' Ik ben mezelf toch vaak aan het bewijzen. Naar mezelf. Het goed willen doen. Iets op de manier doen van hoe anderen het doen. Laten zien: kijk ik kan dit. Goedkeuring horen en voelen. Maar soms is er zijn genoeg. Het is niet goed of fout, dat is een label dat ik er zelf altijd opplak. Het is al goed. Ik ben al goed.

Na elke ronde vraagt de waterdrager aan de *firekeepers* buiten of ze de deur open willen doen. Meteen worden dan de doeken opgetild en komt er licht en lucht binnen.
'Ze doen het alleen als ik het vraag,' zegt hij. 'Als ik het niet vraag, zitten we hier vanavond om twaalf uur nog. Je moet vragen wat je nodig hebt. Moet de deur open? Dan vraag ik dat. Heb je iets nodig? Vraag het.' Zo is het ook met het luisteren naar je lijf. Dat ging tijdens deze ceremonie voor mij heel goed. Ik voelde snel aan als het wat te veel werd en dan bewoog ik naar de grond. In kleermakerszit, voorovergebogen. In *child's pose*. En soms, als het echt intens was, in foetushouding op de grond. Daardoor raakte ik niet in paniek. Omdat ik aanvoelde: hmm, dit is wel vrij heet. Als ik nu wat naar beneden zak, voelt het beter.

Als ik in de auto terug naar huis zit, ben ik opgelucht. En voel ik me ook een beetje stom. Wat kan ik dingen toch groot maken in mijn hoofd, ergens als een berg tegen opzien, en het valt altijd, letterlijk altijd, mee. En zo niet, dan overleef ik het ook wel. Dan kan ik het. Dat geldt ook voor stoppen met drinken. Telkens stelde ik het uit. Het zal lastig zijn, het komt niet goed uit, ik heb het nodig, ik geniet er zo van. En wat valt het mee. Sterker nog, wat levert het me ontzettend veel op.

Dit is iets wat ik meeneem. Ik zag zó ontzettend op tegen de zweethut. Tegen het niet-weten. Tegen de pijn, het discomfort. En wat viel het mee. Wat was het goed en fijn en een waanzinnige manier om liefde aan mezelf te tonen en dit te voelen. Ik zeg ook tegen mezelf dat ik me niet stom hoef te voelen. Dit had ik nodig, blijkbaar.

Vandaag was een grote les voor mij die ik meeneem in het dagelijks leven.
Ik ben veilig.
Ik heb niets nodig, behalve mezelf en mijn ademhaling.
Ik hoef niet alles te weten, alles tot in de puntjes uitgestippeld te hebben.
Plannen is goed en nuttig. Maar die extreme controle mag ik echt meer laten gaan.
Ik heb alleen de goedkeuring van mezelf nodig, en die heb ik: ik ben al goed.
Ik kan het aan. Ook als ik niet weet wat het is. Ook als ik het niet kan voorbereiden.
Ik kan voor mezelf zorgen. *I got my back*.
Ik voel aan wanneer iets te veel is, wanneer ik mijn hoofd buig.

Ik voel aan wanneer ik kaarsrecht kan zitten. En ik beweeg naar de grond als ik merk: dit wordt een beetje te veel. En ik blijf gewoon rustig doorademen. Het is goed. Vluchten is niet nodig. Controle loslaten, emoties toelaten en niks anders nodig hebben dan mezelf om dit voor elkaar te krijgen.

Alcoholvrije tip:
De zweethut ;)

Alcoholvrije tip:
Clearly Confused
van Ambijus

Een drank van gefermenteerde appels met vlierbloesem, jeneverbes en smaken van eik en sparrennaalden. Een licht bittertje. Complexe smaken en waanzinnig lekker. Misschien wel een van mijn favoriete alcoholvrije drankjes tot nu toe!

Dinsdag
17 januari 2023
5.50 uur

Ik lees *Sobercurious* van Ruby Warrington, over dat je als je drinkt jezelf aan het verdoven bent. Dat is natuurlijk geen verrassing, het is voor veel mensen een doel van alcohol: 'de scherpe randjes eraf', even de stress naar de achtergrond laten verdwijnen, zorgen de das om doen en even niet zoveel voelen.
Verdwijnen bestaat natuurlijk niet, het enige wat je doet is op een 'pauzeknop' drukken.
Zo was het bij mij in ieder geval wel. Héérlijk, die *bliss* van een zorgeloos bestaan na twee, drie wijntjes. Maar de dag erna haatte ik mezelf tijdens mijn kater en had ik dubbel zoveel stress en zorgen. Want ik had er ook nog eens niks aan gedaan om ze op te lossen. Of het maar te voelen.

Al dacht ik dat ik het niet deed, ik dronk toch vaak voor die verdoving. Even weg met alle zorgen van het dagelijks leven. Toen mijn vader een jaar geleden aan zijn hart geopereerd werd, schonk ik mij en mijn moeder grote glazen riesling in om maar even te ontspannen. Terwijl zij normaal helemaal niet drinkt, pakte ze het gretig aan. Nu denk ik: *what was I thinking*, maar op dat moment werkte het wel. Even.
Een groot nadeel hiervan is dat je niet alleen de negatieve emoties onderdrukt, maar net zo goed de positieve. Al voelt het tijdens het drinken eventjes als een opluchting, en komen er ook geluksstofjes vrij, ná het drinken zijn deze ver te zoeken en is eigenlijk alles maar een beetje matjes.
Ik denk steeds terug aan de zweethut en hoe deze ceremonie

voor mij een grote spiegel voor het leven is. Het zorgen maken. Iets wat ik, onbewust, in meer of mindere mate eigenlijk constant doe. Niet zo gek dat ik vaak naar de fles greep om dit een beetje in te dammen. Het zorgen maken is de laatste maanden afgenomen. Ik denk enerzijds doordat ik niet drink. Maar ook doordat ik meer bezig ben met spiritualiteit, met meditatie, met échte ontspanning en simpelweg: voelen wat er te voelen valt. En dat is soms verrekte pijnlijk. Maar wel de enige manier om emoties de baas te zijn.

Over twee weken heb ik weer een zweethutceremonie gepland met een aantal bekenden. Ik wil het nog een keer, nog bewuster meemaken. En ik realiseerde me gisteren dat ik tijdens de ceremonie een soort natuurlijke high beleefde. Ik voelde me zó euforisch. Rustig. Compleet. Geliefd. Ik wilde iedereen knuffelen en ik voelde dat alles gewoon perfect was zoals het was. Met mijn blote kont in de modder, zwetend. Dat wil ik nog een keer ervaren, die diepe ontspanning, dat gevoel. Eigenlijk komt het overeen met die happy buzz die het drinken me vaak gaf. Dat gevoel alsof ik in een warm bad zakte – ahhhh. Maar dan net even wat anders.

Zondag
22 januari 2023
6.14 uur

Gisteren met Desiree van Soberlicious alcoholvrije wijnen geproefd en uit eten gegaan. Zij is degene die me toen ik net was gestopt een doos vol alcoholvrije drankjes stuurde. We hielden contact via Instagram en WhatsApp en gisteren zagen we elkaar voor het eerst in real life. Bij de alcoholvrije slijter Nix & Nix proeven we allemaal verschillende alcoholvrije wijnen en spirits – waar zij heel wat meer ervaring mee heeft dan ik. Zij stopte drie jaar geleden met drinken en is een tijd *sober bartender* geweest. Het klikt meteen tussen ons, we hebben dan ook een gemeenschappelijke interesse en dat is smaak en mooie drankjes, dus we vermaken ons prima.
In mijn wijnjaren heb ik heel wat wijnproeverijen gedaan en ik ontdek hier nog een voordeel van niet drinken: tijdens een proeverij hoef je niks uit te spugen en op geen enkele manier

'bang' te zijn dat je beschonken weer de deur uit gaat. Uit gewoonte wil ik aan het begin van de proeverij vragen om een spuugbak, maar oh wacht, die hebben we niet nodig.
Na het proeven gaan Desiree en ik samen eten bij het leuke restaurant Madonna in Amersfoort waar we uren zitten te praten. Over het 'online leven', ondernemen, social media en natuurlijk vooral over stoppen met drinken. We krijgen het al snel over 'wat hierna'. Het is de vraag die ik veel krijg: wat doe je 'hierna'?
'Ik drink bepaalde alcoholvrije drankjes niet meer omdat ik ze te veel op *the real deal* vind lijken en ze daardoor niet meer lekker vind. Ik denk echt dat ik een gewoon glas wijn nu helemaal niet meer zou lusten,' zegt Desiree.
Ineens realiseer ik me dat dat voor mij ook weleens zou kunnen gelden.
Mijn favoriete wijnen zijn aan de ene kant champagne, aan de andere kant een stevige, wat oudere, lekker kruidige en zware rode wijn. Zal er straks een moment komen waarop ik dat helemaal niet meer lust?
'Misschien prik ik gewoon binnenkort eens een moment om een glas te drinken,' opper ik. 'Gewoon om eens te ervaren hoe het is. Dan trek ik iets bijzonders uit de kelder, een van de flessen Cristal of een Chateau Musar. Ik plan het samen met Willem. En dan proeven. Ervaren. Kijken wat er gebeurt. Lust ik het nog? Is het juist wáánzinnig?'

Desiree vindt het een goed idee. Voor mij voelt het een beetje als valsspelen. Maar voor wie? Ik heb toch met niemand een contract afgesloten? Ik had bepaald dat ik tot en met januari niet zou drinken. Wat er daarna gebeurt, is nog steeds open. Dus ik ga dat doen. Een moment kiezen, na een halfjaar niet drinken of zo, om te ervaren hoe het is om weer een glas te drinken. Ik kijk nu al uit naar deze ervaring. Hoe zal het zijn, na zo'n lange tijd?
Als ik naar huis rijd, voel ik me warm vanbinnen. Wat een fijne avond en wat een lieve vrouw. Leuk om elkaar te vinden in zoveel dingen.

Zondag
29 januari 2023
8.20 uur

Sinds ik gestopt ben met drinken, merk ik dat ik verschillende dingen die ik uit het drinken haalde, nu bewust ergens anders vandaan haal. Zo voelde ik vaak die euforie, dat heerlijke gelukzalige gevoel na mijn eerste slok – en vooral ook aan het begin van mijn tweede glas, of juist als ik een enkele keer aardig aangeschoten in de kroeg stond – en dat lekkere gevoel miste ik best. De eerste maanden van het 'stoppen' voelde ik me wat vaker *high on life*, omdat het als zo'n overwinning voelde, keer op keer, om niet te drinken. Dat gevoel is nu een beetje minder omdat de gewoonte van het drinken na ongeveer vier maanden wel weg is.

Afgelopen week ging ik zoals elke week naar de sportschool. Of nou ja, ik zat op de bank en ik had geen zin. Als ik om zeven uur in de gym wil zijn, moet ik me om halfzeven gaan klaarmaken en heel bewust zag ik de tijd voorbij tikken terwijl ik op Instagram zat te scrollen. Ik overwoog al niet te gaan – ik heb geen zin, ik heb andere dingen te doen, ik ga zeven uur nu al niet meer redden, ik heb ook echt een volle dag (waar ik een beetje tegenop zag) – tot ik hardop tegen mezelf zei: 'Kom op Cynt, gáán.' Dus ik maakte me klaar en ik ging. Ik ga altijd naar de sportschool voor 'dat lekkere gevoel achteraf'. Dat energieke, dat tevredene, dat blije gevoel. Dat had ik overigens in het begin niet hoor, toen ik net was begonnen met sporten. Toen deed het alleen maar pijn en vroeg ik me af wat ik aan het doen was.

Deze keer had ik echt de intentie om voluit te gaan en te knallen om me daarna éxtra lekker te voelen. Ik ging bijna niet, nu ga ik álles eruit halen. En dat deed ik. Ik besloot deze week om dit najaar met een Hyrox-sportwedstrijd mee te doen (daarover later meer, dit is namelijk niks voor mij) en mijn training daar deze ochtend op aan te passen. Ik rende, ik roeide, ik sleepte en duwde met een slee van honderd kilo, ik gooide ballen tegen de muur en ik ging kapót.

'Zo, jij hebt jezelf niet gespaard hè, vandaag,' zei Dirk, de eigenaar, tegen me toen ik de deur uit liep. Dat klópt, wilde ik schreeuwen. En ik wilde dansen, springen, juichen. Het voelde alsof ik dronken was, maar dan zonder de wankelheid. Er ging een enorme rush door mijn lijf en ik voelde me onoverwinnelijk. Mijn zorgen over de dag verdwenen als sneeuw voor de zon en ik had zin in alles. In de auto zong ik mee met *Watermelon Sugar High* van Harry Styles en de hele dag heb ik me blij en luchtig gevoeld. De rush zonder kater. Ik heb ontdekt hoe ik hem kan voelen. Niet dat ik dit gevoel nooit vaker heb gehad, maar zo sterk kende ik het nog niet.

Over Hyrox: twee weken geleden was mijn vriendin Lienke hier. Zij is de meest fitte, sportieve persoon die ik ken. Haar bedrijf heet Dear Good Morning en zij helpt mensen naar een energieke ochtend met haar online workouts, community en haar boek. Ze traint elke dag, ze is sterk en ze heeft een megaconditie. Een beetje mijn voorbeeld qua fitheid.
'Cynt, zullen we anders een keer samen meedoen aan Hyrox?' vraagt ze me.
Ik weet nét mijn koffie binnen te houden.

Hyrox is een sportwedstrijd die draait om een combinatie van rennen en kracht. Elke keer ren je een kilometer waarna je een oefening doet. Bijvoorbeeld *wall balls*, dan gooi je een medicijnbal van vier kilo hoog tegen de muur aan, zeventig keer. Of je duwt een slee van honderd kilo honderd meter vooruit. Zo zijn er acht oefeningen, en dus acht kilometer die je moet rennen. Ik had me hier al eens in verdiept door Lienkes verhalen, maar ik klikte de pagina ook al snel weg. Niks voor mij, kan ik niet, dacht ik.
Ik lach hardop: 'Maar jij bent echt véél fitter dan ik. Daar is voor jou toch niks aan. Ik weet ook niet of ik dat wel kan.'
'Dat maakt toch niks uit!' zegt Lienke meteen. 'We doen het samen, dus ik pas me aan jouw tempo aan. En je hebt genoeg tijd om te trainen als we het dit najaar doen.'

”

Je moet jezelf niet met iemand anders vergelijken.
Je loopt op je eigen pad.

Ik beloof haar erover na te denken. Ik bespreek het met mijn trainer en ik verwacht dat hij gaat zeggen: 'Nee joh, inderdaad niks voor jou.' Maar dat zegt hij niet. Hij vraagt me: 'Cynthia, hoezo vergelijk jij jezelf zo met haar? Je bent al heel fit en sterk. En als je gaat trainen, kun je alleen nog maar fitter en sterker worden. Je doet jezelf echt tekort als je meteen zegt dat je dit niet kunt of dat je niet zo fit bent als Lienke.'
Godver. Ik zeg altijd tegen anderen: je moet jezelf niet met iemand anders vergelijken. Je loopt op je eigen pad. *Comparison is the thief of joy*. Nu doe ik het zelf ook.

Ik ga meedoen met Hyrox. Benieuwd hoe die rush na zo'n wedstrijd voelt. Maar nu denk ik vooral: oh shit, waar ben ik aan begonnen?

Alcoholvrije tip:
New-Zealand sauvignon blanc
van Giesen

Dit is een van de betere alcoholvrije witte wijnen die ik geproefd heb, en het heeft ook echt die onmiskenbare 'Nieuw-Zeelandse sauvignonblancsmaken'. Heel fris en grassig, passievrucht en limoen, komt dicht in de buurt van the real deal.

Maandag
30 januari 2023
16.12 uur

Ik realiseer me steeds vaker dat ik een enorm privilege heb. Dat is namelijk dat ik vroeg gestopt ben met drinken, of een 'early exiter' ben zoals Ruby Warrington het in haar boek *Sobercurious* noemt. Ik ben op tijd gestopt. Als ik langer had gewacht, had het resultaat veel dramatischer kunnen zijn. Dat weet je natuurlijk nooit, maar het kán. Dan was het sowieso veel moeilijker geweest om te stoppen. Voor mij is het nog vrij eenvoudig in vergelijking met hoe moeilijk het voor veel anderen is die veel verder op het spectrum zitten.

Het is mijn privilege dat alcohol voor mij nooit een écht serieuze verslaving is geworden, dat het nooit iets is geworden waar ik elke dag (of elk moment) van afhankelijk ben geweest. Ik realiseer me steeds meer dat ik wel geloof wat Allen Carr in zijn boek zegt, dat iedereen die regelmatig drinkt zichzelf op een spectrum bevindt. Als je regelmatig drinkt en niet 'zomaar' kunt stoppen met drinken of niet 'zomaar' nee kunt zeggen tegen een glas alcohol, dan ben je op een manier verslaafd. Verslaafd betekent niet meteen dat je met een fles wodka in de goot ligt, je kunt ook al verslaafd zijn als je één glas per week drinkt, maar als je dat wel élke week drinkt en als je niet zomaar zonder kunt.

Was ik verslaafd aan alcohol? Nu ik terugkijk, kan ik 'ja' zeggen. Als je me het een halfjaar geleden had gevraagd, had ik me verslikt in mijn champagne, het uitgeproest en 'natúúrlijk niet!' geroepen. Verslaafd? Ik? Nee joh, ik ben gewoon een levensgenieter.
Dat was ik zeker. Maar ik denk wel dat ik me óók ergens op het spectrum van verslaving bevond.

Maandag
6 februari 2023
15.36 uur

Ah, daar is het. Het moment dat ik twijfel over dit alcoholvrije bestaan. Het was geen 'fuck it'-moment waarover je weleens leest, waarop ik een glas wijn inschonk en het nét niet opdronk. Het is geen dramatisch verhaal, het is gewoon een besef dat ik heb terwijl ik aan het wandelen ben. Ik ben met Kees 's ochtends vroeg over de dijk aan het banjeren, we staan even stil omdat ze aan een struikje snuffelt, en BAM. Daar is het ineens. De twijfel.

Niet omdat het niet goed bevalt; het bevalt nog steeds heel goed. Ik ervaar nog steeds de voordelen van het niet-drinken. Maar omdat het nu al eventjes duurt, bijna vijf maanden, en het een gewoonte is om niet te drinken, is de roze wolk van al die 'wow-ervaringen' voorbij.
Wow, wat een energie. Wow, zo fijn, de weekenden zonder ka-

ter. Wow, ik slaap zó goed. Wow, ik voel me fantastisch. Ik ben in de fase gekomen waarin dit allemaal normaal is geworden, het geen aha-momenten meer zijn en ik me over het geheel genomen gewoon heel goed voel.
En waarbij ik nu eigenlijk denk: ja, moet het dan per se zonder dat glas wijn?
Natuurlijk weet ik dat het hele probleem was dat ik niet zomaar één glas kon drinken, dat het een gewoonte werd, dat het te veel werd en dat ik er last van had en dat het zoveel negatieve invloed had op alles in mijn leven.

Ik denk bijvoorbeeld aan onze komende vakantie, op Terschelling. Over twee maanden gaan we er weer heen. En de fijnste momenten daar, eerlijk is eerlijk, zijn met een glas wijn in mijn hand. Aan het einde van de middag, na een wandeling over het strand, of het nou zomer of winter is, een glas wijn met een boek of een bordspelletje. En een borrelplankje.
Of in de winter met vrienden op het strand met whisky.
Daar kijk ik met de meeste warmte op terug. Dat waren écht heerlijke momenten. Altijd met dat glas. De vraag is: zit dat heerlijke moment dan in dat glas? Waarschijnlijk niet. Maar zo voelt het nu wel even. Alsof de momenten van het écht grote genieten in dat glas zitten.
En de logische volgende gedachte is: ja, kan het nou niet gewoon met af en toe een glas?

Dat weet ik dus niet. Ik heb ook aan het begin van dit avontuur gezegd: ik zeg nooit dat ik nooit meer ga drinken. Misschien wordt het een leven waarin ik alcoholvrijer ga leven, met minder alcohol. In de regel geen alcohol, maar bij uitzondering wel. Bij een bijzonder etentje. Of met een speciaal moment. De 'foma' is hier. En het is *real*. Fear of Missing Alcohol, ik las het in *Sobercurious* van Ruby Warrington. Het is de eerste keer dat ik dit ervaar. Er waren wel eerder momenten dat ik zin had in een glas, maar ik heb niet eerder gehad dat ik bang was dat het gebrek aan alcohol een moment of situatie echt minder leuk zou maken.

Ik merk dat de twijfel toeslaat. Is dit het? Het volledige 0.0? Of is er een tussenweg? Nou ja, voorlopig weet ik het niet. Ik weet het niet en ik laat het ook nog maar gewoon even zo. Die twijfels en gedachten mogen er ook zijn, het is oké. Ik hoef nu niet te kiezen 'voor altijd'. De insteek is nog steeds: voorlopig drink ik niet. Het idee was dat ik tot en met afgelopen maandag niet zou drinken, tot en met 1 februari. Inmiddels is het de 6e en drink ik nog niet. Ik zie geen reden om een fles open te trekken. Het gaat prima zo. Maar misschien is die reden er straks op Terschelling wel?

Afgelopen week las ik een artikel op NOS dat zo weinig mensen zich bewust zijn van de gevaren van alcohol. Dat zo weinig mensen weten dat het kankerverwekkend is. 6 op de 10 mensen weten niet dat alcoholgebruik het risico op kanker vergroot. Bij 1 op de 10 kankergevallen bij mannen is alcohol de boosdoener, bij vrouwen is dat 1 op de 33.[6]
Ik moet heel eerlijk zeggen: ik was me daar ook niet zo bewust van voordat ik stopte met drinken. Ach ja, natuurlijk is alcohol niet zo goed voor je, voor je lever, het valt wel mee. Maar het valt echt helemáál niet mee.

Ik ben er na het lezen van het NOS-artikel even in gedoken. Er zijn in feite drie belangrijke manieren waarop alcohol kanker kan veroorzaken. De eerste vindt in de lever plaats. Daar wordt alcohol in eerste instantie omgezet in een bepaalde stof (acetaldehyde). Door deze stof word je misselijk en ga je overgeven, maar acetaldehyde is ook giftig en is door de International Agency for Research on Cancer geclassificeerd als mogelijk kankerverwekkend. De tweede verklaring is dat je door alcohol bepaalde vitamines minder goed opneemt, zoals foliumzuur. Foliumzuur is belangrijk voor een goede celdeling en beschermt tegen het ontstaan van kanker, lees ik. En als laatste: alcohol tast de hormoonspiegel aan en verhoogt het vrouwelijke oestrogeen. Oestrogeen heeft een rol in het ontstaan van borstkanker. Vrouwen die alcohol drinken, hebben daarom een groter risico op die ziekte.[7]

[6, 7] https://nos.nl/artikel/2462375-alcohol-kankerverwekkend-veel-mensen-kennen-de-gevaren-niet

”

Hoe zou het zijn geweest als ik niet had gedronken, of veel minder?

Als ik dit lees, ben ik me wel een partijtje blij dat ik al bijna vijf maanden niet drink. Ik vraag me wel óók af welke schade ik mijn lijf al heb aangedaan in die zeventien jaar dat ik wél gedronken heb. Ik dronk al op jonge leeftijd, op mijn veertiende voor het eerst en ook al wel elke week. Dat vind ik nu een bizar idee. Als ik nu meiden van veertien zie, zijn dat echt nog kinderen. Doodnormaal was dat, onder klasgenoten en vriendinnen. Nu ben ik aardig oké opgedroogd en ben ik voor zover ik weet vrij gezond, maar toch. Hoe zou het zijn geweest als ik niet had gedronken, of veel minder? Tóch blij dat ik nu aan de rem getrokken heb.

Zaterdag
18 februari 2023
16.28 uur

Ik heb de knoop officieel doorgehakt: eind maart ga ik mijn eerste glas wijn sinds een halfjaar drinken. Na een halfjaar en een beetje niet drinken ga ik een – geheel gepland – glas champagne drinken. En ik ben best een beetje trots op mezelf dat er tot nu toe geen enkel moment is geweest dat ik op het punt heb gestaan om te gaan drinken, en natuurlijk op dat ik überhaupt niet gedronken heb.
Toen ik op 18 september onderweg van Costa Rica naar huis besloot 'even' te stoppen was dat vanwege alle nadelige effecten die alcohol op me had. Ik besloot niet 'voor altijd' te stoppen. Wat het doel precies was, wist ik toen nog niet echt. Wat ik wel wist, was dat ik af wilde van het 'vaste drinken', van de gewoonte om elke week aan de wijn te zitten, vaker dan ik vooraf had bedacht, met meer hoofdpijn en hanxiety dan ik voor lief nam.
Laatst sprak ik hierover met een vriendin, die nooit gedronken heeft.
'Het lijkt me echt vet interessant om te kijken wat het met je doet als je wél weer een glas drinkt na een tijd,' zei Jeanet. 'En het ook zo te zien. Je hebt toch nooit besloten dat je forever niet meer drinkt. Ben heel benieuwd wat er dan met jou gebeurt, mentaal en fysiek.'
Nou, ik ook. Ik wilde er eerst niet aan, omdat ik toch ergens wel in mijn hoofd had om nooit meer te drinken. Maar dat is

nooit het doel geweest. Deel één is gelukt: van de gewoonte om te drinken af te komen en me een stuk beter te voelen. Ik denk dat het nu tijd is voor deel twee: ontdekken of en hoe ik alcohol in mijn leven wil. Sowieso niet op de manier waarop ik het hiervoor deed, maar misschien op een andere manier. Misschien helemaal niet – ik ga het ontdekken.

Ik weet al precies wat ik open ga trekken op dat moment en waar dat is. Eind maart ben ik twee weken op Terschelling, eerst om een weekje te werken en daarna komt Willem om samen vakantie te vieren. Het wordt de Cristal-champagne waar ik al eerder over schreef en waar ik, zoals ik eerder al vertelde, in Oostenrijk twee flessen van kocht. Ik ga er samen met Willem goed voor zitten, met een fijne borrelplank. Heel bewust dat moment ervaren. Nu al zin in, en ik vind het ook wel een beetje spannend. Vind ik het misschien té lekker en 'val ik dan terug', wat dat dan ook betekent? Nee, ik denk het niet. Ik denk wel dat het een fijn en bijzonder moment gaat zijn. En ik denk ook dat dat een mooi evaluatiemoment gaat worden.
Gaat alcohol nog onderdeel van mijn leven zijn? En hoe?

Carnaval is gisteren begonnen, ook in Zwolle wordt het uitbundig gevierd. Ik volg een aantal fanatieke carnavallers op Instagram. Het is nooit mijn feest geweest, al ben ik wel in een dorp opgegroeid waar carnaval gevierd werd. Esther van So.life Club zei op Instagram dat je als niet-drinker misschien wel moet bepalen om helemaal niet mee te doen aan deze festiviteiten, omdat het toch voor een groot deel in het teken staat van alcohol en jezelf lekker laten gaan. Dat zette mij aan het denken: ben ik de afgelopen maanden dingen uit de weg gegaan omdat ik ze zonder alcohol niet leuk vind, of te moeilijk zou vinden?
Het antwoord is: ja. Eén moment op Curaçao dat ik zoveel zin had in pizza met rode wijn, en dat ik geen pizza ben gaan eten omdat ik er zonder de wijn totaal geen behoefte meer aan had. En vorige week, toen Harold en Harma hier waren

”

Misschien moet ik binnenkort maar eens meegaan de kroeg in en ervaren hoe het is zonder het biertje.

en vroegen of we nog meegingen naar de kroeg. Ik ben nooit een echte kroegtijger geweest en ging voor deze alcoholvrije periode ook al niet veel uit, maar ik ben – op oud en nieuw na – niet uit geweest sinds ik ben gestopt met drinken. En dat ik niet drink, speelt echt wel een beetje mee. 'Ga ik ver na mijn bedtijd in een warme, drukke kroeg staan met schreeuwende mensen en harde muziek en dan zónder een glas alcohol?' vroeg ik mezelf gisteren af. Nehh, geen zin in. Is het dan überhaupt ooit wel écht iets geweest waar ik van genoot? Nou, ja dus, met dat biertje. Meerdere biertjes. Misschien moet ik binnenkort maar eens meegaan de kroeg in en ervaren hoe het is zonder het biertje.

Zondag
26 februari 2023
6.56 uur

Weer een week achter de rug zonder drankje. 160 dagen onderweg. Jemig, dat is bijna een halfjaar! Volgens mijn Reframe-app heb ik inmiddels 2060 euro bespaard (!) en 16.477 calorieën niet gedronken. Sinds dag 140 is mijn natuurlijke dopamineniveau hersteld en is mijn zogenaamde *hedonic setpoint* weer aardig in balans. Zegt ook die app. Dat hedonic setpoint is een soort basisniveau van je geluksgevoel, dat altijd weer in meer of mindere mate naar dat niveau terugkeert, wat je ook doet. Alles went, eigenlijk. Wanneer je alcohol drinkt, schijnt het zo te zijn dat dat setpoint verandert en dat je telkens meer alcohol (of andere dingen die voor dopamineaanmaak in je hersenen zorgen) nodig hebt om je een beetje lekker te voelen.

Ik moet zeggen dat ik dat wel aardig voel, ja. Al had ik dat wat eerder in het proces nog iets meer. Dat ik ook een soort euforie voelde over het niet-drinken, dat is nu iets minder. Maar ik heb steeds minder het gevoel dat ik externe dingen nodig heb om me ontspannen en goed te voelen. En als ik dan iets zoek om me goed te voelen, dan zoek ik het in sporten, wandelen, lezen of een massage boeken.

Eergisteren deed ik dat voor het eerst 'thuis': een massage nemen. Dat is voor mij typisch een vakantieactiviteit, een massage. Heerlijk vind ik het, als ik na het eerste kwartier mijn continue gedachtestroom getemperd heb gekregen. Even volledig de aandacht op jezelf, op je lichaam, puur ontspannen. Vrijdagochtend ging ik naar een massagesalon hier in de stad en het voelde bijna alsof ik iets deed wat niet hoorde. 'Zomaar' op een vrijdagochtend een 'dure' (95 euro) massage nemen, wat belachelijk eigenlijk. Nee, Cynt, hou op, lekker van genieten. Maar jemig, 95 euro. Nu denk ik: die 95 euro had ik anders zonder nadenken uitgegeven aan een goede fles wijn. En die was er dan dat weekend in gegleden en dat is een stuk minder goed voor me dan een massage.

Na de massage voelde ik me rozig en warm en ging ik nog even naar Sam's Coffee voor de beste cappuccino van de stad en een cruffin. Ik voelde me zó relaxed. Zó ontspannen. En ik voelde ook een minioverwinning. Ik doe dit. Voor mezelf. Ik gun mezelf dit. Vroeger gunde ik mezelf een fles Grand Cru-champagne, nu een massage. Dit houden we erin.

Gisteren gaf ik een online training over een gezonde levensstijl. De afgelopen drie jaar heb ik praktisch gezien mijn hele leven omgegooid qua gezondheid. Ik viel 23 kilo af, mijn vetpercentage daalde van 44,5 naar 24,5 procent en mijn conditie verbeterde enorm. Ik zette door de jaren heen allemaal kleine stapjes in gewoontes – waarvan stoppen met drinken een van de laatste was. Hierover gaf ik een online sessie met een uitgebreide Q&A. We hadden het over intuïtief eten. Intuïtief eten houdt in dat je geen 'eetregels' hebt, luistert naar je hongergevoel en verzadiging en dat je jezelf in feite niks ontzegt. Hierdoor haal je de 'lading' van bepaalde voedingsmiddelen af en 'ontleer' je een dieetmindset met allerlei regels en restricties. Daarover kreeg ik de vraag: 'Je bent sinds september gestopt met drinken. Is dat dan wel zo intuïtief? Want nu ontzeg je jezelf ook iets qua voedingsmiddelen.'
Wow, goede vraag. Zo had ik er zelf nog niet naar gekeken. 'Nee,' was direct mijn antwoord. 'Want alcohol zie ik niet als een voedingsmiddel. Het is niet als een glas cola of een milk-

shake. Alcohol is puur gif. Een glas wijn of bier is drugs. Dus ik zie dat niet als onderdeel van het intuïtieve eten.'
Nog niet eerder heb ik zo nagedacht over alcohol en nu ik dus het plan heb gemaakt om in maart weer te drinken, ga ik weer twijfelen. Wil ik dat wel? Ook plopt het soms in mijn hoofd op dat ik dan wel een soort 'oplichter' ben. Want ik *preach* nu over alcoholvrijer leven en dan trek ik zelf weer een fles open? En nog zo bewust ook?

Donderdag
2 maart 2023
15.59 uur

Net thuis van 24 uur in het fijne Maastricht. Een van mijn favoriete Nederlandse steden. De sfeer, de gezelligheid, de kasseien, de smalle straatjes, de pleinen, de goede restaurants, de mooie boetiekjes, het Limburgse accent, het gevoel alsof je in het buitenland op vakantie bent, ik houd er allemaal van. Ik oefende gisteravond weer eens een van mijn grootste hobby's uit: urenlang tafelen in een goed restaurant en daarna in een hotel slapen. Met vriendin Susannah had ik maanden geleden dit uitje al gepland en ik keek er dus al een tijd likkebaardend naar uit. We zouden dit eerst afgelopen zomer doen, toen ik nog dronk. We hebben het moeten verzetten en toen baalde ik wel even: dit gaat veel minder leuk en lekker zijn zonder drank, dacht ik toen nog. Maar nu weet ik natuurlijk beter!

We schoven aan bij restaurant Beluga, waar ze de alcoholvrije game heel erg onder controle hadden. Alles ging hier goed. Het ging preciés zoals ik het graag heb: met net zoveel aandacht als wanneer er wijn in het glas zou zitten, zonder mierzoete sapjes of cocktails, maar met goede drank-spijscombinaties, en het was allemaal gewoon ontzettend lekker. Susannah dronk wel en het viel me op dat de sommelier niet méér aandacht had voor de inhoud van haar glas. Over wijn valt nou eenmaal vaak meer te vertellen, over het maakproces, of waar de druiven groeien, dat snap ik natuurlijk wel. Maar ik wil óók die aandacht, ik wil óók een mooi verhaal over wat er in mijn glas zit, en ik wil uitleg over waarom het zo goed combineert met het eten.

Ik kreeg dus allemaal alcoholvrije drankjes – bij elke gang één, halleluja – van Manufaktur Jörg Geiger. Deze Duitse meneer maakt ciders en perenwijn, en heel veel verschillende alcoholvrije wijnalternatieven. Het is dus geen alcoholvrije wijn (want dat is wijn van druiven waar de alcohol uit wordt verwijderd), maar het zijn sappen gecombineerd met kruiden, bloemen en groenten om zo een uniek drankje te maken. Hij werkt vooral met fruit dat niet volledig rijp is, waardoor de meeste drankjes niet zo zoet zijn. En dat is fijn, want ik hoef bij het eten geen zoetig drankje – ik wil iets droogs en prikkelends, soms een bittertje, iets kruidigs. Dat doet hij dus fantastisch.
In de witte 'wijnen' (die dus geen wijnen zijn) zitten kruiden als vogelmuur, citroenverbena of vlierbloesem. Hier en daar paprika of zeezout, wat het interessant maakt. Bij mijn hoofdgerecht met kalf kreeg ik een 'rode wijn', wat een combinatie was van kersensap, perensap, appelsap, alcoholvrije appelwijn, paprikasap, appelbessen, bietensap en allerlei kruiden. Erg goed van smaak, een lekkere combinatie bij het kalfsvlees en het benadert zeker die beleving van rode wijn.

Tijdens het eten hadden Susannah en ik het over het niet-drinken. Zij is net zo'n wijnfan als ik en heeft ook een paar wijnopleidingen gedaan. Ik realiseerde me tijdens dit gesprek: normaal gesproken zou ik, als ik zou drinken, tijdens zo'n diner al 'bang' zijn voor de ochtend die geheid zou komen. Die ochtend met niet-te-doen-hoofdpijn, zelfhaat, in bed liggen, mezelf wentelend in zelfmedelijden en paniekgevoelens, balend dat ik niet kan genieten van zo'n fijn hotelbed en een leuke stad. Ik realiseerde me dat die kater al begon op de avond van zo'n miljoengangendiner. Want ik wíst gewoon dat die rotochtend eraan zat te komen, en toch kreeg ik het niet voor elkaar om dan niet of minder te drinken.

Na veel water, koffie en een ontbijt rende ik fris en fruitig langs de Maas. Met een glimlach van oor tot oor. Het leven is heerlijk zonder alcohol.

Hoe anders is het nu. Dit was gewoon perfect. Wél die smaakcombinaties en de aandacht, geen alcohol. Ik lag voor mijn doen laat in bed, om halftwaalf, en werd om zes uur na te weinig slaap wakker met hoofdpijn. Een split second dacht ik: oohhh nee, een káter, en toen realiseerde ik me: dat kan helemaal niet! Na veel water, koffie en een ontbijt rende ik fris en fruitig langs de Maas. Met een glimlach van oor tot oor. Het leven is heerlijk zonder alcohol.

Woensdag
15 maart 2023
6.25 uur

Op Instagram volg ik graag van die fitnessmensen die posten over hun work-outs en hun dagelijkse routines. Vind ik inspirerend. Afgelopen week zag ik een *reel* van iemand die ik met veel dingen vrij extreem vind, maar waarbij ik deze keer echt bijna 'amen' zei na het kijken. In de reel vertelt hij dat hij vroeger elke week wel een keer stevig dronk en dat hij nu heel soms een glas wijn drinkt, echt bij gelegenheid.
Hij zegt: 'Ik zie nu alles in het perspectief van tijd. We hebben maar een bepaalde hoeveelheid tijd op deze aarde en die besteed ik graag energiek, fit en met een goed gevoel. Daar haal ik voldoening uit. En als ik drink, dan voel ik me niet fit, energiek of goed. Zelfs na één glas voel ik me nog enkele dagen minder fit dan normaal. Ik wil zoveel mogelijk uit elke dag halen en dat lukt me niet als ik alcohol drink.'

Aldus Marcus Filly op Instagram. Ik sta er ook zo in, maar ik had het nog niet zo goed kunnen verwoorden. Het gaat om tijd. Het gaat om me goed voelen. Het gaat om de tijd die ik hier op deze aarde heb goed benutten en dat kan ik niet optimaal doen als ik me slecht voel. En ja, natuurlijk voel je je soms slecht door dingen waar je geen of weinig invloed op hebt, maar op alcohol drinken heb ik zelf invloed. Voor mij is dit de bevestiging waarom ik niet terug wil naar consistent drinken. Naar 'vast' drinken in de week.

Heel soms een glas wijn? Ja, dat misschien wel. Soms is het het misschien waard? Heel soms? (Je ziet dat ik hier nog niet uit ben, haha.) Maar weer wekelijks drinken, ik denk niet dat ik dat ooit nog ga doen. Mijn leven is me te veel waard. Naast dat alcohol vergif is, zéér ongezond, heeft het te veel invloed op hoe ik me voel. En dat is waar het mij om gaat.

Afgelopen weekend was ik uit eten met een groepje ondernemers en een van mijn assistenten, Els. Bijna een halfjaar geleden waren we op dezelfde plek en toen was ik nét gestopt met drinken. We hadden het hierover en we kregen het over de katers. 'Ach ja, soms kun je gewoon een dag inplannen waarvan je weet dat je een kater hebt en dan accepteren dat je niks aan die dag hebt. Dan hoef je ook geen dingen te skippen omdat je wel had bedacht ze te doen,' zei ze. Ik kreeg hier bijna kippenvel van. 'Dát wil ik dus niet,' zei ik. 'Daarnaast kon ik dat ook niet. Altijd als ik een kater had, voelde ik me verschríkkelijk. Paniekgevoelens, zelfhaat. Maar ik wil ook niet zo leven. Dat je jezelf vergiftigt en dan de dag erna willens en wetens weggooit. Ik kan en wil dat nooit meer doen.'

Zij staat er anders in, en dat is oké. Ik merk aan deze gesprekken ook dat veel mensen die paniek- en angstgevoelens bij een kater niet herkennen, maar het doodnormaal vinden om een 'katerdag' te ervaren en dat maar gewoon te accepteren. Ach, het is gewoon maar een dag van mijn toch al korte leven die ik wegsodemieter, wat maakt het uit.
Ik kan en wil daar nooit meer naar terug.

Zaterdag
18 maart 2023
9.21 uur

'Je visceraal vet, het vet rond je organen, is van 18 naar 6 gegaan, dat is een ontzettend goede vooruitgang,' vertelt de dokter me. 'Als je het hierop weet te houden, dan is dat echt fantastisch.'
De resultaten van mijn medische test van laatst zijn er en ik krijg er uitleg bij van een dokter. Toen ik drie jaar geleden besloot gezonder te gaan leven, liet ik me helemaal doorlichten. Ik liet alles testen: vetpercentage, gewicht, spiermassa en visceraal vet, maar ook cholesterol, bloeddruk, allerlei bloedwaarden zoals mineralen, zuurstoftransport, bloedsuiker-

”

‘Je visceraal vet, het vet rond je organen, is van 18 naar 6 gegaan, dat is een ontzettend goede vooruitgang.’

waarden en ook mijn nierfunctie, leverfunctie, conditie – de hele santenkraam.

Dit is inmiddels mijn derde testuitslag en de resultaten zijn zó goed, ik ben er trots op. Alles zit in het groen. Vetpercentage, bloeddruk, cholesterol, VO_2max (uithoudingsvermogen), spiermassa, kracht, het ziet er gewoon hartstikke goed uit. Drie jaar geleden was ik het zat, de rugpijn, het gebrek aan energie, het gevoel dat ik niet fit was. Ik zat niet lekker in mijn vel en ik besloot deze test te doen, die mijn gevoelens helemaal bevestigde. Veel waardes waren niet al te best. Ik wilde me weer gezond en fit voelen en gooide nogal wat dingen om in mijn leven.

Nu ik bijna een halfjaar gestopt ben met drinken, denk ik dat ook dat invloed heeft op een aantal van deze waardes. Ik las dat alcoholconsumptie vooral invloed kan hebben op het zeer ongezonde viscerale vet.[8] Helaas heb ik geen meting van vlak voor mijn alcohol-stop, maar het vóélt in ieder geval goed. Het voelt helemaal in lijn met de keuzes die ik maak vóór mijn lijf, vóór mezelf, vóór mijn leven. Als een logische stap naar een lang, gelukkig en gezond leven. Voor zover ik daar zelf invloed op heb. En nu ik dit opschrijf, realiseer ik me dat het saai klinkt. Iemand zei het laatst in de sportschool zelfs tegen me. 'Dat klinkt héél saai,' zei ze letterlijk.
Ik snap dat. Rust, reinheid, regelmaat. Acht uur slaap per nacht. Niet te veel zitten. Regelmatig bewegen. Niet drinken. Gezond eten. Mediteren.
Saai?
Misschien, als je kijkt naar de onrust en het 'gedoe' van het leven dat ik hiervoor had. Met te veel stress, pijn, dat wegdrinken en wegeten, wegstoppen. Chaos en gedoe. De katers die ook weer voor paniekgevoelens en drama zorgden. Dat is zéker het tegenovergestelde van saai. Maar dit is voor mij een ontzettende upgrade van mijn leven. Ik lééf weer echt en ik kan álles doen wat ik wil en meer. Ik voel alles. Ik ga niks uit de weg. Ik verdoof mezelf niet. Ik beweeg, ik heb energie, ik voel

[8] www.ncbi.nlm.nih.gov/pmc/articles/PMC6522392/

me goed en ik ben gezond. Dan is dat maar saai, ik voel me fantastisch.

Donderdagavond ging ik met een groepje alcoholvrijers naar *Sinds ik niet meer drink*, de theatershow van Evi Hanssen. Haar boek plantte vorig jaar bij mij het zaadje om te stoppen met drinken, en in oktober nodigde Desiree van Soberlicious me uit om mee te gaan. Ik weet nog zo goed dat ik toen dacht: dat is pas over een halfjaar, misschien drink ik dan alweer ... en dat ik tóch besloot mee te gaan om even uit die comfortzone te stappen. Cliché, maar goed. Het was leuk en fijn, met een groepje vrouwen naar zo'n theatershow te gaan die ook allemaal de keuze hebben gemaakt om onverdoofd door het leven te gaan.

Alcoholvrije tip:

IJsthee

van Lapsang Souchong met limoensap en bruiswater

Dit drankje dronk ik in een restaurant, en het was zó lekker en bijzonder! Eigenlijk een sparkling tea, maar dan homemade. Lapsang Souchong is een gerookte thee, en dat proef je héél goed. Bijna whiskyachtig.

Het was een mooie, herkenbare, emotionele, grappige show. Evi's moeder overleed dinsdag en ze stond er. Met de tranen biggelend over haar wangen. Ze sloot de show af met haar twijfel, of ze op de uitvaart van haar mama wel of niet een glas champagne zou drinken. Mijn advies aan haar was: 'Er is geen goed of fout. Op het moment zelf weet je wat je moet doen. En die keuze is dan oké.' Heel begrijpelijk dat zo'n groots emotioneel moment zo'n vraag met zich meebrengt. Het klonk alsof haar moeder een enorme levensgenieter was, die regelmatig een fles champagne opentrok om daar samen van te genieten. Wat is alcohol dan toch verbroederend: het geeft troost, het markeert een speciaal moment. Is dat dan heel anders als je een alcoholvrije bubbel in je glas hebt? Ik denk het wel. Ik ben benieuwd wat voor keuze Evi maakt.

Nu is het zaterdagochtend en maak ik me klaar om naar Terschelling te gaan voor twee weken. Mijn tweede thuis, een plek waar ik vaak kom. De duinen, het strand, de natuur, de rust. Niks hoeven, niks moeten. De eerste vijf dagen ga ik met vriendin en klant Kim, met wie ik ook op Curaçao was in november. Daarna gaat ze naar huis en komt Willem, dan begint onze vakantie van een week.
Vroeger namen we altijd een krat drank mee als we naar Terschelling gingen. De mooie flessen gingen mee. Champagnes, bourgognes. Bijzondere speciaalbieren voor Willem, die we vaak wel samen dronken. Voor het eerst ga ik naar Terschelling zonder krat drank. Wat wel meegaat, zijn alcoholvrije wijnen en biertjes, een fles alcoholvrije rum en goede kombucha's. Er is dus op zich niks veranderd, behalve dan dat er geen gif meer in zit.
Oh nee, ik zit te liegen. Die fles Cristal, die zit er ook bij. Ik weet nog steeds niet of-ie opengaat. Maar hij gaat mee, dan kan ik daar de keuze maken.

Maandag
20 maart 2023
13.51 uur

Een halfjaar alcoholvrij. Een halfjaar. Ik feliciteer mezelf eventjes en trakteer mezelf op een lekker lange wandeling door de duinen met Kees. Ik voel me goed, energiek. Ik ben blij dat ik zoveel langer dan het oorspronkelijke plan ben doorgegaan!
Op mijn blog en Instagram deel ik vandaag het heuglijke feit. Op mijn blog deel ik de zes grootste lessen die ik leerde van een halfjaar alcoholvrij. Hier volgt een fragment uit deze blog:

Blogpost

Ik bevond me op het spectrum van alcoholverslaving
Dit was voor mij een heel groot besef. Alcohol is drugs. En als je drinkt, bevind je je op een 'verslavingsspectrum'. Dat wil niet zeggen dat iedereen die drinkt meteen verslaafd is, maar wel dat als je drinkt, je je ergens op dat spectrum bevindt. Met aan de ene kant de drinker die heel af en toe een glaasje pakt en aan de andere kant de zware alcoholist die totaal afhankelijk is van alcohol.
We moeten alcohol zien zoals het is, en dat is niet een gezellig drankje waar je lekker van geniet, maar een zware drug die verwoesting aanbrengt in je lijf en je leven – ook als je matig drinkt. Dit is misschien niet zo'n lekkere binnenkomer, maar ik ben er wel zo naar gaan kijken.

Als je niet zomaar kunt stoppen met drinken, of als je pauzes in moet lassen waarin je niet drinkt, dan betekent dat dat je op een manier afhankelijk bent van alcohol. Alles waar je niet zomaar mee kunt stoppen is een probleem.
Dit klinkt heel zwart-wit en natuurlijk is dat het niet, maar alcohol is simpelweg niet zo onschuldig als de media en de reclames het doen lijken.

Alle ontspanning, lol, 'scherpe randjes' zitten al in mij
Ik gebruikte alcohol voor héél veel dingen in mijn leven. Om dingen te vieren, om te genieten, om te ontspannen, om de 'scherpe randjes eraf te halen', om lol te hebben, om te proosten ... Ik dacht dat ik het niet nodig had, maar toen ik stopte, ontdekte ik dat alcohol verbonden was met ontzettend veel momenten in mijn leven.

Ik ging dus manieren zoeken om al deze dingen nog steeds te ervaren, maar dan zonder de drank. Hoe haal ik 'de scherpe randjes eraf' aan het einde van een werkweek? Hoe ervaar ik zo'n intens ontspanmoment dat ik altijd had met een glas wijn en chips en een boek? Hoe vier ik vakantie zonder een glaasje? Hoe heb ik lol en geniet ik van een avondje uit zonder wijn?
Ik vond de antwoorden langzaamaan stuk voor stuk, en de con-

Blogpost

clusie was: er is niks voor nodig. Alles zit al in mij. De ontspanning, het vieren, de lol – ik kan alles in mezelf vinden, maar dan moet ik wel bereid zijn om dieper te graven, emoties te voelen die oncomfortabel (of gewoon vreselijk) zijn en er niet van weg te willen vluchten.

Het gaat óók om gewoontes
Waar ik aan de ene kant worstelde met al die momenten die ik hiervoor benoemde, en hoe ik kon functioneren op die momenten zonder alcohol, was het aan de andere kant ook een proces van gewoontes veranderen. Ik had erg veel gewoontes rondom alcohol, en vooral rondom wijn, en die mocht ik allemaal afleren. Een gewoonte afleren kan best lastig zijn, maar omdat mijn motivatie (mijn gezondheid) sterk genoeg was, lukte het.

Wat mij heel erg heeft geholpen is erover praten met mensen in mijn directe omgeving én mezelf toe te staan het alcoholmoment te vervangen door wat anders. Fijne alcoholvrije biertjes, mocktails, gingerbeer in een wijnglas, goede kombucha's – doordat ik allemaal lekkere vervangers in huis haalde en ze in de horeca vaak ook goed verkrijgbaar zijn, genoot ik óók van de momenten waarop ik normaal gesproken iets met alcohol dronk.

Ik mis mijn wijnhobby wel
Hier heb ik veel vragen over gekregen en ja, dit mis ik wel. Wat ik het meeste mis is in een restaurant een heel mooie fles uitzoeken en daar dan samen van genieten. Of in de wijnwinkel iets waanzinnigs uitkiezen, de verhalen erover horen of opzoeken, en dan vervolgens thuis samen die fles openmaken en er zóveel plezier aan beleven. Die smaken van wijn, de verhalen, de hele mystiek eromheen, ik vind dat iets heel moois en ik vind het heerlijk om daarmee bezig te zijn. Dat mis ik dan ook het meeste. Niet die random wijntjes op een terras of een pilsje tijdens een feestje, maar die bijzondere, écht lekkere flessen wijn, die mis ik. Dat is oké, heb ik besloten.

Op Instagram vliegen de felicitaties me om de oren en ik krijg appjes van vriendinnen. Maar er zijn ook – zoals ik al wel had verwacht – kritische noten. Als je dingen gaat zeggen als dat je op een verslavingsspectrum zit als je drinkt en dat alcohol vergif is, kún je verwachten dat mensen zich beledigd voelen, Schultz. Iemand op mijn Instagram zegt: 'Prima blog. Maar ik vind de uitspraak "alcohol is geen gezellig drankje waar je lekker van geniet" wel erg kort door de bocht. Met af en toe een goed glas wijn of een heerlijk speciaalbiertje, is echt niks mis. Daar kun je net zo goed van genieten als van een koud glas spa rood op een warme dag. Iedereen moet natuurlijk zelf weten wat-ie doet. En knap dat je het niet-drinken al een halfjaar volhoudt, maar voor mijn gevoel sla je soms ook een beetje door in het niet-drinken en je mening over drank.'

Ik ben het niet helemaal met deze reageerder eens, want er is wel degelijk iets mis met een drankje, namelijk dat er alcohol in zit, dat dat giftig is en voor veel mensen én onze maatschappij een groot probleem vormt. Natuurlijk kun je daarvan genieten, dat deed ik ook altijd, maar er is wél iets mis mee. Over het doorslaan heb ik natuurlijk ook mijn eigen mening. Want hoe kun je nou doorslaan in iets niet doen? Kun je ook doorslaan in het niet-eten van mayonaise? Of niet-cola-drinken?
Ik denk dat deze persoon doelt op het feit dat ik er het een en ander over deel en dat mijn mening erover veranderd is door de jaren heen. Dat is natuurlijk ook zo en dat kan voor volgers van mijn Instagramkanaal of lezers van mijn blog wellicht confronterend zijn. Snap ik wel.

Iemand reageert op deze persoon: 'Dit vraag ik uit pure nieuwsgierigheid (dus niet aanvallend): zou je hetzelfde zeggen als het ging om heroïne of cocaïne?' Zijn antwoord is: 'Nee, want de kans dat je verslaafd raakt aan heroïne en/of cocaïne is groter dan verslaafd raken aan alcohol.'
Daar kom ik even om de hoek scheuren met deze tabel die ik afgelopen week tegenkwam, samengesteld door het RIVM.

ACUTE TOXICITEIT	CHRONISCHE TOXICITEIT	VERSLAVING	SOCIALE SCHADE INDIVIDUEEL	SOCIALE SCHADE BEVOLKING
Heroïne	Tabak	Heroïne	Crack	**Alcohol**
Crack	Crack	Crack	Heroïne	Tabak
Metham-fetamine	**Alcohol**	Tabak	**Alcohol**	Crack
Alcohol	Metham-fetamine	Metham-fetamine	Tabak	Heroïne
Cocaïne	Cocaïne	Cocaïne	Cocaïne	Cocaïne
GHB	Heroïne	**Alcohol**	Metham-fetamine	Cannabis
Amfetamine	Amfetamine	Amfetamine	Amfetamine	Benzo's
Ketamine	Cannabis	Benzo's	GHB	Amfetamine
Lsd	MDMA (xtc)	GHB	Cannabis	MDMA (xtc)
MDMA (xtc)	Qat	Cannabis	Benzo's	GHB
Benzo's	Ketamine	Ketamine	MDMA (xtc)	Metham-fetamine
Paddo's	Benzo's	Qat	Ketamine	Ketamine
Cannabis	GHB	MDMA (xtc)	Lsd	Paddo's
Tabak	Lsd	Paddo's	Paddo's	Lsd
Qat	Paddo's	Lsd	Qat	Qat

Bron: Ranking van drugs, *RIVM* (2009)

Ik stond echt te kijken van deze vergelijkingen. En ik denk dat de meeste mensen hetzelfde zullen hebben. De reageerder heeft dus gelijk qua verslaving – heroïne en cocaïne zijn verslavender dan alcohol – maar voor de rest scoort alcohol hier ontzettend hoog. Verslaving is natuurlijk niet het enige aspect van alcohol. Veel mensen onderschatten de verwoestende effecten van alcohol. Dat deed ik zelf ook. Ach joh, een biertje op het terras, boeiend, kun je dan denken. Maar ook dat ene biertje brengt al schade toe aan je lijf en je hersenen. Veel mensen vergelijken het met ongezond eten. Ach, ik eet soms een frikandel. Moet kunnen. Kan mijn lijf wel hebben als de basis verder goed is. Ach, ik drink soms een colaatje. Eet soms een patatje. Verder leef ik gezond, ik sport, zit wel goed. Ach, ik drink een paar keer per week een wijntje. Dat kan mijn lijf wel hebben, het gaat om de balans, dat maakt echt niet uit. Leef een beetje. Je wilt jezelf niet alles verbieden.
Maar is dat zo?
Kunnen we dat op die manier met elkaar vergelijken?

Ik heb gezocht naar wat wetenschappelijk onderzoek hierover vertelt. Eerst wilde ik begrijpen wat er gebeurt wanneer je alcohol drinkt. Alcohol is een giftige stof en het lichaam moet hard werken om dat af te breken en uit het systeem te verwijderen. Dit proces veroorzaakt stress en schade aan je lever en andere organen. Zelfs matig alcoholgebruik kan leiden tot ontstekingen, leveraandoeningen en een verhoogde kans op kanker. Ja, jemig. Maar wel waar.

Het is waar dat af en toe wat junkfood eten niet direct tot gezondheidsproblemen leidt. Maar als je dit regelmatig doet, kan het je lichaam net zo erg belasten als alcohol. Onderzoek toont aan dat een dieet met veel bewerkte voedingsmiddelen en suikerhoudende dranken kan zorgen voor gewichtstoename, hoge bloeddruk, diabetes en hartziekten.

Het verschil tussen alcohol drinken en ongezond voedsel eten is echter dat alcohol directe schade aanricht aan je lichaam terwijl ongezond voedsel dat niet altijd doet. Ongezond voedsel kan je lichaam overbelasten en je gezondheid op lange termijn schaden, terwijl alcohol onmiddellijk schade kan veroorzaken en zelfs je eigen veiligheid en die van anderen in gevaar kan brengen. Alcohol heeft een direct toxisch effect op neuronen en axonen (zenuwcellen en hun uitlopers) in de hersenen.

Nu wil ik heus niet de wijsneus uithangen, en op mijn Instagram heb ik dit dan ook niet gereageerd. Maar dit zijn de feiten. Je kunt ermee doen wat je wilt. Als je nog steeds je biertje of wijntje wilt drinken, is dat jouw keuze. Ik wil aan niemand een manier van leven, drinken of eten opdringen. Ikzelf maak graag bewuste keuzes. En niet vanuit 'ach, het maakt niet zoveel uit. Frikandel of alcohol, allebei slecht voor je, maar kan soms best'.
Vandaag maak ik wederom de bewuste keuze om te proosten op mijn halfjaar alcoholvrij met een alcoholvrij biertje.
Proost, op mezelf. En op jou. Op bewuste keuzes.

Maandag
27 maart 2023
9.42 uur

De vierde dag vakantie op Terschelling zonder een druppel alcohol. Yep, de Cristal ligt nog steeds in de koelkast en hij is nog steeds niet opengegaan.
Zaterdagavond ging ik met Willem eten bij ons favoriete restaurant hier, de Eilandbistro. Voorheen hadden ze hier altijd champagne per glas, wat maar bij weinig restaurants het geval is, je kunt het vaak alleen per fles bestellen. Als ergens die goudgele bubbelende drank per glas beschikbaar was, hoefde ik niet lang na te denken. Zaterdagochtend wandelde ik met Willem en Kees in het bos en ineens had ik een geniaal idee. 'Ik heb een geniaal idee!' zeg ik tegen Willem. 'Ik drink gewoon vanavond een glas champagne bij de Eilandbistro! Dan hoeft die dure fles Cristal niet open en kan ik gewoon één glaasje drinken!' Als jij dat wilt doen, is dat een goed idee,' zegt Willem. 'Maar je hoeft dat niet te doen omdat je bedacht hebt dat je op Terschelling weer zou drinken, hè. Je kunt het ook gewoon niet doen. Je moet doen wat goed voelt.'

'Niet drinken voelt goed,' zeg ik direct.
'Dan doe je dat toch?'
We voeren een gesprek over 'normaal' en 'gezond' drinkgedrag en ik vind dat dat niet drinken is, hij vindt dat het 'normaal' en 'gezond' is om heel soms een drankje te kunnen drinken zonder dat het een *big deal* is. 'Zoals mijn ouders. Die drinken zo heel af en toe, bij een etentje of een feestje, en verder denken ze er gewoon helemaal niet over na.'
Misschien is dat wel mijn probleem, dat ik er zoveel over nadenk. Het niet-drinken is voor mij heel veilig en comfortabel omdat er geen enkele mogelijkheid is dat ik 'van het padje af' ga. En daarmee bedoel ik: dat ik het risico loop dat ik me er schuldig over voel, dat het tegenvalt, dat ik meer wil, dat ik de controle niet kan bewaren. Juist wat ik wél wil: de controle en de mentale rust ervaren om gewoon één glaasje te kunnen drinken, zo heel af en toe.
Ik denk dat ik er nog niet klaar voor ben.
Zondagochtend ging ik vroeg sporten en toen was ik mezelf weer eens dankbaar dat ik niet had gedronken.

Afgelopen week had ik één moment waarop ik me voelde alsof ik dronken was, alsof ik de roes van alcohol ervoer. Een gelukzalig gevoel. Ik voelde me high, héél blij, ik wilde iedereen knuffelen (al was er niemand in de buurt) en schreeuwen hoe gelukkig ik was. En nee, het kwam niet door drugs in welke vorm dan ook.
Het was toen ik voor het eerst ooit vijf kilometer aan één stuk rende. Hardlopen doe ik al jaren af en toe, maar ik heb er qua sport nooit de focus op gelegd. Maar áls ik rende, was mijn doel altijd: vijf kilometer aan een stuk rennen. Donderdag lukte het. Toen ik de twee kilometer haalde, dacht ik: dan moet vier ook lukken. Bij vier dacht ik: nu ga ik de vijf halen ook. Ik rende door de duinen en het pad ging op en neer en er stond windkracht 6, dus toen ik het haalde schreeuwde ik het uit. Vijf kilometer is voor veel mensen waarschijnlijk helemaal niks. Maar ik ben er ontzettend trots op. Ik voelde me zó sterk en zó onoverwinnelijk. Eigenlijk precies zoals ik me altijd

”

Het is gebeurd. Ik heb gedronken.

voelde in die lekkere buzz van een paar glazen drank. Nooit gedacht dat hardlopen dat zou vervangen.

Vrijdag
31 maart 2023
15.48 uur

Het is gebeurd. Ik heb gedronken.
Het verandert helemaal niks, en het verandert tegelijkertijd alles. En nee, het was niet de Cristal die ik ervoor uitgezocht had.
Ik neem je mee naar gisteravond. De een-na-laatste avond van onze vakantie op Terschelling. We gaan uit eten bij een restaurant waar we al jaren eens willen eten, maar waar we telkens geen reservering konden bemachtigen omdat ze maar zes tafeltjes hebben. Heel lang geleden zijn we er een paar keer geweest, nu zitten er al een paar jaar nieuwe eigenaren en we kunnen erheen! 't Golfje zit in een pittoresk traditioneel Terschellinger huisje met uitzicht op weilanden en verderop de duinen en bossen. Buiten is het guur, het waait hard en het regent, wij zitten binnen in een hoekje aan het mooiste tafeltje. We gaan voor zes gangen en als ik vraag wat voor alcoholvrije drankjes er zijn, vertelt gastvrouw Kik over haar zelfgemaakte siropen. Ik bestel een mocktail van vijgenbladsiroop en die is fantastisch lekker. Fris, bloemig, licht zoet, erg goed. Na wat heerlijke gangen (dorade, langoustine, truffelravioli) krijg ik een mocktail van een in Nederland nieuwe alcoholvrije spirit, Selati, uit Zuid-Afrika, met smaken uit het Krugerpark. Hibiscus, watermeloen en granaatappel in de mix met een bessentonic. Yum.

Willem neemt een paar bijpassende glazen wijn bij zijn eten. Ik snuffel even aan wat hij drinkt en dat bevalt allemaal goed. Maar dan komt er tijdens de kaasgang iets héél bijzonders op tafel. Een magnumfles Exceptional Harvest 2019 van Ximénez-Spínola. Willem en ik kijken elkaar aan. Wat een toeval! In 2019 reisden we samen naar Jerez, dé plek in Spanje waar sherry vandaan komt. Op wijnreis gaan was een van mijn grote plezieren en aan deze reis heb ik enorm warme herinneringen. We bezochten een aantal sherry-*bodegas* en de laatste waar we langs gingen was Ximénez-Spínola. Je moet weten dat er enorm strenge regels zijn in veel wijnstreken, maar al helemaal in Jerez. Er zijn allerlei verschillende soorten sherry's en er zijn zeer strenge regels voor de druiven, het maakproces, de rijping. De eigenaren van Ximénez-Spínola hebben daar lak aan en maken dan ook geen sherry. De versterkte wijnen die ze maken mogen geen sherry heten omdat ze niet aan al die regels voldoen, en juist daarom zijn hun wijnen zoveel spannender – en allemaal zó lekker, gelaagd en speciaal. Met historie en een verhaal. We kregen er een uitgebreide rondleiding, mochten álles proeven en we waren er zo weg van dat we alle wijnen bestelden voor thuis, er liggen nog een aantal flessen in onze kelder. Door de jaren heen maakten we af en toe een fles open om samen of met vrienden van te genieten en dan waren we weer even helemaal terug in het warme Spanje, bij deze karakteristieke, witte, oude bodega op het droge, kalkrijke land.

En hier zitten we aan een tafeltje in een traditioneel Terschellinger huisje, met een magnumfles Ximénez-Spínola Exceptional Harvest 2019. We weten hoe lekker deze is, want deze hebben we in Spanje geproefd en ligt nog in onze kelder. Ik sla mijn handen voor mijn mond als Kik de fles op tafel zet.
'Ooooh,' roep ik uit. 'Ximénez-Spínola!'
Ze kijkt me enigszins verrast aan. Ik denk niet dat er vaak iemand zo enthousiast reageert op een fles alcohol. 'We zijn daar geweest jaren geleden,' vertel ik haar.
'In Jerez? Bij Spínola?'
'Jaaaa,' zeg ik enthousiast. 'Het was zo geweldig. Waanzinnig mooie plek, en zo lekker eigenwijs die mensen.'
Nadat ze Willem zijn glas Exceptional Harvest heeft ingeschonken, komt ze met een kleiner flesje terug. Ik herken hem meteen, de Old Harvest. 'Deze is eigenlijk van Frans en mij, onze privécollectie. Maar anders komt hij toch ook niet op,' zegt ze met een klein lachje terwijl ze Willem een klein glaasje inschenkt.

Dan weet ik het.
Dit is het moment.
'Ik ga een slokje drinken,' zeg ik tegen Willem.
'Als je het zeker weet?' vraagt hij.
'Ja.' Ik ben vastberaden. Het is het perfecte moment. Hier, tijdens deze vakantie, tijdens deze avond vol waanzinnig eten op deze fijne plek, en hier wil ik een slok van drinken. Dit is zoiets bijzonders, dit vind ik zo fantastisch. Het is ook echt een 'exceptionele' wijn. De druiven worden 21 dagen later dan de gebruikelijkste oogstdatum geplukt, waardoor ze zoeter zijn, meer suiker bevatten. De wijn wordt gefermenteerd in eikenhouten vaten die eerder gebruikt zijn voor de sherryachtige wijnen. Dit is geen versterkte wijn (hij bevat 12,5% alcohol), maar lijkt niet zoveel op gewone wijn qua smaak, weet ik.

De wijn is strogeel, helder. Als ik mijn neus in het glas steek, ruik ik van álles. Vijgen, vanille, hooi, sherry, gist, appel, champagne en witbrood. Als ik een slok neem, is het alsof er iets ontploft in mijn mond. Zóveel smaken. Friszuur, fruitig en heel lichtzoet, met sherrysmaken-maar-toch-niet-echt-sherry, en -ook-niet-echt-wijn. Er is niks zoals dit. Niks smaakt zoals deze gele vloeistof. Er is zóveel geweldig lekkers in het alcoholvrije schap, maar niks, niks is zoals dit. Niks heeft die verhalen, het vakmanschap, de historie, als dit. Wijn.
De tranen schieten me in de ogen. En niet van de alcohol die ik enórm sterk proef, maar van deze smaak, van dat ik weer even terug ben in Jerez de la Frontera, de herinneringen aan deze reis en dit wijnhuis, van deze mooie avond, samen met mijn favoriete mens op aarde. Ik neem nog een slokje en ik geniet met mijn ogen dicht van de smaak. Wat heb ik dit gemist. Wijn en alles eromheen.
'Hoeveel alcohol zat hier nou ook alweer in?' vraag ik aan Willem. 'Was deze nou versterkt, want voor mijn gevoel proef ik zóveel alcohol.'
We checken de fles. 12,5%, gemiddeld voor een wijn. Niet zo gek natuurlijk dat ik de alcohol zo sterk proef, ik heb het 192 dagen niet gedronken.

Na die twee slokken is het goed, ik heb niet de behoefte aan een heel glas, of meer. Die twee slokjes zijn voor mij precies de bevestiging die ik zoek: deze passie voor wijn wil ik helemaal niet kwijt. Drank maakt zoveel kapot, het verwoest, het sloopt. Daar kan ik het alleen maar mee eens zijn. Maar voor mij is het ook iets met zoveel herinneringen, vriendschappen, smaken, genieten.
Ik weet het nu zeker: mijn doel is niet om geen druppel te drinken. Mijn doel is om alcoholvrijer te leven. En dat begint vandaag echt.

Ik ga er geen regels of richtlijnen aan hangen. Toen ik op 19 september vorig jaar besloot een tijdje helemaal niet te drinken ging dat ook goed zonder regels of richtlijnen. Nu weet ik: ik ga niet meer alcoholvrij, maar alcoholvrijer. Los van de druk, de noodzaak om elke week te drinken of 'vast' te drinken, maar bij gelegenheid, heel soms.
Hoe dat precies gaat zijn, ga ik ervaren. Ik weet dat ik het kan, en ik weet ook dat het heus niet altijd makkelijk zal zijn.
Als ik aan de (decaf) koffie met friandises zit na het eten, realiseer ik me: er is niets veranderd. Ik had gedacht dat het een heel ding zou zijn, met trommels en een fanfare in mijn hoofd. Ik heb gewoon twee slokjes wijn gehad en het is nog steeds als voorheen.

Nu ik op Instagram scrol en euforische berichten zie van iemand die ik volg die vandaag vijfhonderd dagen nuchter is, steekt er wel iets. Ik was 192 dagen nuchter. Heb ik nu 'opgegeven'? Ben ik weer naar de 'slechte kant' verhuisd? Of kan het ook genuanceerder? Kun je heel matig drinken, heel soms, zonder dat het een 'ding' is? Heb ik nu iets weggegooid? Ik besluit van niet. Nee, ik heb niks weggegooid. Ik heb juist iets ontdekt, gisteravond. Namelijk dat ik mijn liefde voor wijn helemaal niet achter me wil laten. En dat ik op ontdekkingstocht mag naar hoe ik dit in mijn leven wil hebben.

April – september

Buzz van een nuchter leven

Maandag
10 april 2023
7.35 uur

Verrassing: er is nog steeds niets veranderd na het drinken van twee slokken wijn! Op zondag zijn we weer thuis, de zon schijnt, Willem en ik zitten buiten in de tuin te genieten met een boek. Ik heb zin in wat lekkers, dus pak ik een alcoholvrij biertje. Pas na een paar slokken realiseer ik me: ha, dit doe ik dus automatisch. Het kwam geen seconde in mijn hoofd op om een gewoon biertje te pakken, of een fles wijn open te maken.
Ergens was ik bang dat er in mijn brein iets 'aangezet' zou worden waardoor ik weer helemaal in de drankmodus zou zitten. Laatst tijdens de theatershow van Evi Hanssen zei een vrouw in het publiek dat. 'Er zit een duiveltje in je hoofd, en zodra je een slok alcohol neemt, wordt het wakker en dan ben je weer verslaafd.'
Het is de insteek van de Anonieme Alcoholisten, dat je altijd 'ziek' blijft, dat je altijd een alcoholist blijft, en dat je weer totaal van het pad af bent zodra je een druppel alcohol binnenkrijgt. Nu is de AA een plek voor als je echt verslaafd bent, ik heb natuurlijk het privilege dat ik niet zwaar afhankelijk was van alcohol en dat ik voor mijn gevoel op tijd gestopt ben. Daarom is het niet mijn insteek. Alcohol is niet een duivel in mijn hoofd, alcohol heeft te maken met mijn gewoontes en de keuzes die ik met mijn volle bewustzijn maak.

Vrijdagavond ging ik met een groep ondernemersvrienden uit eten bij een restaurant met een ster. Ik realiseer me nu pas dat de gedachte aan champagne niet eens aanwezig was in mijn hoofd. Normaal denk ik er tóch altijd eventjes aan: o, lekker. Champagne! Achteraf gezien hielp het ook dat er helemaal geen alcohol werd geschonken en we een Van Nahmen-riesling-druivensap kregen. Beetje zoet, hartstikke fijn van smaak en ik had niet eens de behoefte aan champagne.
Ik ben benieuwd wanneer dat wel komt. Misschien straks in Valencia? De eerste week van mei ga ik een weekje vanuit deze zonnige stad werken. Tapas, cava ... Nu ik het mezelf niet verbied, is het trouwens ook meteen een stuk minder interessant. Sinds ik de keuze heb gemaakt dat ik niet meer honderd

procent niet drink – volg je me nog – zet ik alcohol ook wat minder op een voetstuk. Zo is het met eten ook. Als ik geen pizza mag, wil ik pizza. Als ik geen wijn mag, wil ik wijn. Nu het verbod eraf is, is het nog een stukje minder boeiend. Laten we zien hoe het gaat!

Vrijdag
21 april 2023
8.32 uur

Ik ben geïrriteerd. Het is me de afgelopen tijd niet vaak gebeurd dat ik rondom alcohol zo'n stevige irritatie heb gevoeld. Gisteravond gingen we met vrienden uit eten bij een van onze favoriete restaurants in de omgeving.

Een vervelende gewaarwording is dat het me sinds ik gestopt ben met drinken enorm opvalt hoeveel anderen drinken.

Een bijzonder moment: de eerste keer sinds september dat ik zelf een kwart glas wijn laat inschenken tijdens een etentje. Er wordt een fles wijn voor de tafel besteld (waar mijn expertise even voor gevraagd wordt, wat ik natuurlijk met liefde doe, ik hóúd van wijnkaarten uitpluizen). Het wordt een witte bourgogne, uit Rully. Ik weet al hoe deze gaat smaken. Vanille, zacht, boterig. Hmmm. Eerst denk ik: ik ga niet drinken. Er worden vier glazen neergezet en Willem zegt al tegen de sommelier dat hij niet voor me hoeft in te schenken (behulpzaam, maar dat kan ik wel zelf – irritatie nummer één), maar ik besluit: 'Doe maar een bodempje.' Dit is een goed moment. Ik heb vijf gangen lang met dat bodempje gedaan, kleine nipjes, en wat was dat hemels. Intense smaak, zó lekker. Het bodempje was ook genoeg – ik hoefde niet nog meer, ik wilde gewoon even de smaak ervaren. De eerste keer sinds mijn 'eerste drinkmoment' op Terschelling. Toch wel een mijlpaal, dat dit lukt en dat ik er ook zoveel plezier van heb gehad.

Maar goed, die irritatie. Een vervelende gewaarwording is dat het me sinds ik gestopt ben met drinken enorm opvalt hoeveel anderen drinken. Ik kan er niks aan doen. Ik bemoei me er

”

Als ik geen pizza mag, wil ik pizza.
Als ik geen wijn mag, wil ik wijn.

niet mee, ik zeg er niks van, maar ik zie het wél. Ik zíé hoeveel glazen erin gaan. En ik denk heus wel: poeh, vijf glazen tijdens een etentje ...

Dat dacht ik dus gisteren ook met Willem naast me.
Een glas bubbels vooraf. Een fles gedeeld. Een glas champagne bij de kaas. Het is alsof ik aan het turven ben. Ja, een heel vervelende gewoonte. Ik kan het gewoon niet níét zien.
Ik merk het aan hem. Hij vangt delen van gesprekken niet goed op, moet soms iets vragen wat nét is gezegd – en ja, dat vind ik irritant. Het valt Marijn en Frank vast niet op, maar ik stoor me eraan.

In de auto terug bel ik even (handsfree, uiteraard) met mijn moeder en terwijl we door een druk straatje rijden, waar ik zie dat een auto naar achteren komt rijden vanaf een parkeerplaats, laat Willem me schrikken door ernaar te wijzen, maar niks te zeggen. Irritant, en gevaarlijk.

Zodra ik thuis wil inparkeren, is er eerst voor ons huis geen plek, maar rijdt er nét iemand weg. Willem wijst me daar met een vleugje irritatie op, terwijl ik dat allang gezien had.
Niks irritanter dan beschonken mensen die meerijden en denken dat ze dingen eerder én beter zien dan jij. Luister, ik ben hier nuchter, mijn reactiesnelheid en focus is sowieso een miljoen procent beter dan die van jou op dit moment (soort van wetenschappelijk bewezen).
Vervolgens is hij bozig op mij dat ik geïrriteerd reageer en hij wil erover doorgaan. 'Ik probeer je alleen te helpen,' zegt hij. Ik denk: je mag me niet helpen in de auto als jíj gedronken hebt. Ik zeg: 'Ik zie dat allemaal al voordat jij het ziet. Meerijden is irritant, dat moet je gewoon niet doen.'
Hij wil erover blijven praten, ik weet dat het geen zin heeft – deze gesprekken hebben we wel vaker gehad toen we beiden meerdere glazen wijn achter de kiezen hadden en meestal werd het ruzie. Ruzie om niks, ook. We hebben weleens ruzie gehad om een takeawaypizza toen we allebei te veel

wijn op hadden. Met een verhoogde hartslag ga ik naar bed, en nu ben ik aan het werk en ben ik nog steeds geïrriteerd. Terwijl ik eigenlijk dankbaar wil zijn dat ik tijdens zo'n fijn moment met vrienden ervoor kan kiezen een klein beetje héérlijke wijn te drinken zonder dat ik behoefte heb aan meer. Nu wil ik gewoon het liefste weer in bed gaan liggen en mijn irritatie eruit slapen. Grrrmbl.

Woensdag
3 mei 2023
16.53 uur

Ik ben in Valencia! Een weekje vanaf een andere plek dan mijn eetkamertafel werken. En vaste prik tijdens alle *workations*: aan het einde van de werkdag met een glas wijn op een terras of in mijn eigen tuintje als ik dat heb. Dat is hier een dakterras midden in het oude centrum, in El Carmen. Mijn deurtje zit in een prachtig smal geel steegje met balkonnetjes en waslijntjes en het is hier muisstil.

Maandagavond kom ik aan en bijna automatisch loop ik naar de wijnafdeling van de supermarkt. Dat vond ik toch altijd zó heerlijk, de wijnschappen in een supermarkt in Frankrijk, Spanje of Portugal. De enorme hoeveelheid lokale wijnen voor een prikkie. Feest! Normaal gesproken zou ik meteen drie flessen hebben meegenomen en die zouden dan zéker niet lang in de koelkast hebben gestaan.
Als ik me realiseer dat ik dit helemaal niet meer doe, of toch niet écht, ga ik op zoek naar 0.0-biertjes. Beetje teleurstellend, alleen Heineken, Amstel en San Miguel 0.0, niks spannends qua speciaalbiertjes of zo. Wel vind ik een citroen-gemberkombucha, die ik nu op mijn dakterras aan het drinken ben.

Als ik aan Spaanse steden denk, dan denk ik direct aan terrasjes, tapas en cava. Toen ik vorig jaar in Barcelona op workation was, dronk ik cava na cava: bij de lunch, bij het avondeten, bij de borrel aan het einde van de middag. Het Spaanse ritme is niet helemaal mijn ritme (lees: ik slaap van negen tot vijf, de Spanjaarden beginnen met hun avondeten als ik al in bed lig), dus als ik nu terugkijk denk ik: meid, je hebt het jezelf lekker

zwaar gemaakt. Kort slapen, een ander ritme en dan óók nog zoveel drinken. Maar ik wil ook niet steeds zo denken. Toen was het genieten en fijn, nu kies ik ervoor om het niet meer te doen. Net als dat ik het irritant vind dat ik let op hoeveel de mensen om me heen drinken, wil ik mijn drinkgedrag van vroeger niet de hele tijd veroordelen.
Ik doe het nu anders. En ik sta mezelf ook toe om wél te drinken als ik daar echt zin in heb. Als er een moment is waarop ik denk: já, dit is een uitzonderingsmoment. Maar dat is er nog niet geweest en dus nip ik van mijn kombucha of een 0.0-biertje.

Is een workation er saaier door? Nee, maar wat is saai ook eigenlijk. Ik ben van nature niet een heel avontuurlijk, 'feestbeesterig' type moet ik zeggen. Ik ben niet iemand die in de lampen hangt, de gangmaker is en als laatste naar huis gaat. Dat was ik ook met drank op niet. Of nou ja, die ene keer in het jaar dan, dat een etentje uitmondde in een dronken kroegentocht, een frikandel en een patatje bij de Febo, zwalkend naar huis en met de volgende dag zo'n verschrikkelijke kater dat ik zwoer dat ik nooit meer zou drinken.
Die avonden zijn op één hand te tellen. Ik was meer die rustige drinker, niet de avontuurlijke gekke drinker. Dus is een workation, of het leven, saaier zonder drank? Ik geniet veel meer van mijn dagen, en heb de alcohol niet meer nodig om te ontspannen of om te 'vluchten' van vervelende emoties. Voor mij is het antwoord nu 'nee'. Maar wellicht kom ik er nog op terug.

Dinsdag
16 mei 2023
8.48 uur

Ooooo yes! Ik ga voor het eerst sinds tijden weer op een wijnreisje! Ik heb zúlke fantastische herinneringen aan de wijntripjes die ik gemaakt heb. Naar de Rhône, de Languedoc, Champagne, Bourgogne, Alto-Adige, Jerez, de Ahr, de Moezel ...
Wat ik zó leuk vind aan wijnreizen is dat alles draait om smaak en beleving. Mooie plekken zien. Niet alle, maar wel veel wijnregio's zijn prachtige gebieden, met mooie dorpjes of

steden. Het was voor mij altijd een uitstekende reden om een plek te bezoeken én ik had meteen een missie: wijn proeven! En kopen. En drinken.
Zoals ik al eerder schreef, is het enige wat ik nu mis mijn wijnhobby. En vorige week dacht ik: maar wacht even, ik kan gewoon op een wijnreisje gaan! Bij het proeven kan ik gewoon alles uitspugen en als ik dan bij het eten een keer een mooi glas drink is dat natuurlijk geen enkel probleem. Want in mijn alcoholvrijere bestaan kan dat.

Al jaren hebben we het er met vrienden over dat we eens samen naar de Moezel moeten gaan. Ik ben er ooit eens geweest, ik mocht mee op een eendaags bezoekje aan een aantal wijnhuizen met de eigenaar van een wijnrestaurant hier uit Zwolle.
Wat is het een prachtige plek, met al die steile wijngaarden langs de rivier. We maakten een uitdagende en op meerdere manieren adembenemende wandeling door de wijnvelden, wat een hele klim was. En dat úítzicht ...
Vorige week stelde ik het dus voor aan Harma en Harold. 'Zullen we in de zomer een paar dagen naar de Moezel? Zoek ik wat leuke wijnhuizen uit om een goede proeverij te doen, en verder gaan we lekker eten en mooie dorpjes bezoeken. En wandelen.'

Zij waren metéén om. Dus we gaan, eind juli. En ik kijk er zó naar uit. Want dit is wat ik zo tof vind. De verhalen horen van wijnmakers. Verschillende wijnen proeven, van verschillende jaargangen. De verschillen opmerken. Precies op de plek waar het gemaakt wordt. Dat met elkaar delen. En deze keer zonder mezelf te verdoven en een kater de dag erna! Want ja, dat was natuurlijk altijd wel een vast ingrediënt van die reisjes. Veel wijn. En dan niet eens tijdens een proeverij, maar vooral tijdens de lunches, diners en op het eigen terras met een fles van de wijnboer waar we zojuist geweest waren. Zonder die overvloed is het denk ik alleen maar leuker. Voor mij dan.

Donderdag
18 mei 2023
13.42 uur

Proost, ik ben jarig! Vandaag ben ik 33 jaar geworden. Wat mijn verjaardag betreft ben ik net een klein meisje: ik vind het de leukste en belangrijkste dag van het jaar. Ik vind het heerlijk om alle felicitaties te ontvangen, cadeaus te krijgen, mezelf mooi aan te kleden, op te maken en op te doffen voor deze vrolijke dag. Vandaag is het iets anders dan normaal, omdat ik in de middag naar Rotterdam ga – ik moet daar morgen al vroeg zijn voor een hele dag training –, dus ik vier het vandaag niet écht, maar maak er toch samen met Willem (en mama die een taartje komt eten) een klein feestje van.
Samen met Willem en Kees ga ik wandelen bij een mooi natuurgebied in de buurt, waar het zó prachtig groen is dat het wel ontploft lijkt. We praten over het nieuwe levensjaar. Ik zie mijn verjaardag als een soort 'oud en nieuw', een moment om te evalueren, om terug te kijken en vooruit te blikken. Ik kijk naar wat er goed gaat en waar ik blij mee ben (mijn alcoholgebruik, mijn sportgewoontes, relaties, mijn bedrijf) en waar ik minder blij mee ben (te vaak een onrustig gevoel rondom werk, te veel afspraken in de week naar mijn smaak) en hoe ik dat kan fiksen. Ik krabbel mijn dagboek vol met dit soort overpeinzingen. Ik heb nog niet direct vandaag dé oplossingen hiervoor, maar ik heb het in het vizier. Vroeger zou ik denken: nu eerst een wijntje, nu denk ik: nu eerst journalen en alles uit mijn hoofd krijgen.

Als Willem en ik na de lunch nog een rondje met Kees wandelen, realiseer ik me ineens iets.
'Weet je wat gek is?' zeg ik. 'Dat "wijn drinken" op zichzelf al een activiteit is. Vroeger op mijn verjaardag ging ik dan met jou of een vriendin de hele middag wijn drinken. Normaal gesproken zou ik dat dus straks gaan doen: een fantastisch mooie fles wijn openmaken en die opdrinken.'
'Ja, dat doe je niet met een alcoholvrije wijn, of een 0.0-biertje,' beaamt Willem. 'Het is ook wel dat je samen een beetje gaat buzzen, dat je bedwelmd raakt. Dat is toch iets leuks wat je samen "doet".'

Ja, dat was ook leuk. Ik kan me erg leuke momenten met vrienden, of met Willem alleen, herinneren, waarop we samen langzaam (of snel) aangeschoten raakten. Middagen of avonden waarop ik zó heb gelachen – al weet ik nu natuurlijk totaal niet meer waarom precies. Gewoon, omdat we onder invloed raakten. En de momenten dat ik alleen dronk, kon ik ook erg genieten van dat wat lichte gevoel in mijn hoofd en het zware, logge gevoel in mijn benen. En van dat gelukzalige gevoel na een glas. Waarbij ik opstond om een tweede glas in te schenken.

Vandaag proost ik met een mooie sparkling tea van Saicho, en 's avonds tijdens het eten met een 0.0-biertje. Het was vandaag voor mij geen moment om wél dat slokje of glaasje te nemen. Vroeger zou ik het op mijn verjaardag sowieso hebben gedaan, want wat is nou een verjaardag zonder alcohol? Een feestje zonder champagne?
Vandaag kwam het ook niet uit, ik moest nog twee uur rijden in de middag en morgenvroeg wil ik energiek opstaan om de hele dag in een meetingroom te zitten.
Dit vind ik een fijne ontwikkeling. Ik heb de keuze gemaakt dat ik mág drinken. Maar ik doe het niet zomaar. Toen ik op Terschelling voor het eerst weer dat ene slokje wijn dronk, was ik een beetje bang dat het spreekwoordelijke hek van de dam zou zijn. Dat is totaal niet het geval. Ik overweeg het veel beter. Als er een gelegenheid is waarbij ik alcohol zou willen drinken, stel ik mezelf een aantal vragen.

/ Heb ik er écht ontzéttend veel zin in?
  Zo nee, dan drink ik wel iets 0.0.
/ Is dit héél goede alcohol? Dat klinkt natuurlijk belachelijk, maar ik bedoel of het een héél goede wijn is, of een héél goed speciaalbier. Ik drink niet als het matig spul is.
/ Is dit het waard om mijn lichaam te vergiftigen?
  Ik ben me er nog steeds uitermate goed van bewust dat alcohol gif is en blijft.

Ik heb sinds Terschelling nog geen volledig glas wijn gedronken en ik denk dat het binnenkort een keer kan gaan gebeuren. Op 2 juni ga ik met Willem samen lunchen bij De Librije, ons favoriete restaurant. Elk jaar gaan we er een keertje heen. De beleving daar is natuurlijk niet alleen het eten en de entourage, maar ook zéker de alcoholische versnaperingen die bij het menu horen. De verhalen van de sommelier. De bijpassende smaken. Ik weet nog niet precies hoe en wat ik die middag ga doen. Misschien vraag ik wel om bijpassende slokjes. Van alles één slokje, gewoon om te proeven. Of misschien bestellen Willem en ik samen een heel goede fles champagne waar we de hele middag mee doen. Voor de context: je zit daar met een lunch zo van twaalf tot vijf. Niet dat ik het wil goedpraten om een fles wijn leeg te drinken tijdens de lunch – of nou ja, misschien ook wel. Ik moet echt voor mezelf goedpraten dat ik misschien wel een fles wijn ga drinken daar, bij de lunch. Samen met Willem, hè. Drie glazen per persoon. Vind ik nu een héél ding, vroeger dronk ik met gemak drie, vier, vijf glazen tijdens een etentje.

In ieder geval vind ik dat hét moment om weer eens een echt glas vol te drinken. Ik ga het op het moment zelf beslissen. Natuurlijk heb ik de wijnkaart al doorgespit en ik zie te gekke champagnes waarvan ik er wel eentje zou willen bestellen ...

Donderdag
1 juni 2023
5.04 uur

Ik word om halfvier wakker en ik lig te malen over ons etentje morgen. Ben ik niet een nepper als ik een fles champagne bestel? Moet ik dat wel doen? Ga ik daar geen spijt van krijgen? Hoe 'verkoop' ik zoiets aan mensen die denken dat ik nog steeds niet drink? Vind ik dat niet tíjdens het eten al vervelend, dat ik me aangeschoten ga voelen? Zondag vier ik mijn verjaardag en ik heb een doos van mijn favoriete alcoholvrije bubbels van Lyre's besteld, zodat ik iets open kan poppen (dat vind ik gewoon zó feestelijk) én iets kan drinken wat me goed smaakt. Ik heb geen moment overwogen om die dag wel te gaan drinken, ik weet dat dat het niet leuker of beter maakt voor mij.

”

Ben ik niet een nepper
als ik een fles champagne bestel?

Wat is dan het verschil met zo'n etentje morgen? Waarom maak ik daar een uitzondering voor? Wil ik dat wel écht? Wil ik het juist te graag? Het is 255 dagen geleden dat ik besloot te stoppen met drinken, meer dan acht maanden. En enkele maanden geleden dat ik weer eens een slokje wijn dronk. Moet ik wel weer 'teruggaan' naar 'hele glazen' drinken of moet ik het hierbij houden?

Ik ben vooral bezig met wat 'anderen' daar dan van vinden. Jij, die dit boek leest. Mensen die me volgen op Instagram en mijn alcoholvrije nieuwsbrief ontvangen. Ik krijg weleens de vraag over hoe het gaat zonder alcohol, en ik kan niet meer echt zeggen dat ik het 'zonder' alcohol doe, want ik heb wel weer een paar keer een klein beetje gedronken. Het is ook gewoon tijd om dit verhaal even te delen online – dat lijkt me een goed plan, om de indruk weg te nemen dat ik nog steeds helemaal alcoholvrij ben. Ik merk dat dat een bepaalde druk geeft, dat ik daar graag aan wil voldoen, omdat mensen het verwachten. In de basis ben ik nog steeds alcoholvrij, met een uitzondering hier en daar.

Morgen is bijzonder. Zo speciaal uit eten bij een restaurant met drie sterren, dat doe ik niet elke dag. Ik vind het een episch moment, ik kijk er al maanden naar uit. Waarom maak ik daar een uitzondering voor? Omdat het kan, omdat ik daarvoor kies. Omdat alcohol geen rol meer speelt in mijn dagelijks leven. Omdat ik er soms voor kan kiezen het even een rol te laten spelen en daarna tijden weer niet.
De 'gewone' momenten hoef ik niet beter te maken met alcohol, ze wórden niet beter met alcohol, weet ik inmiddels. Mijn feestje heeft geen 'opfluf' van alcohol nodig. Maar een fles champagne tijdens een driesterrendiner ... Ja, dat maakt het oprecht leuker en beter voor mij.
Spreekt daar een alcoholist? Nee, want als ik écht goede champagne zonder alcohol zou kunnen bestellen, zou ik het meteen doen.

Het is suf, het is overdreven, maar ik ga deze week wel op mijn blog en socials delen hoe de alcoholvork in de steel zit. Het voelt als een soort biecht, maar ik wil toch opheldering geven. Het voelt aan de ene kant als falen, aan de andere kant voelt het als heel sterk zelf kiezen voor een vrij leven waarin ik elke keer opnieuw de keuze mag maken. En dat gaat sinds ik mijn eerste slokje alcohol heb gedronken, twee maanden geleden, uitstekend. Want daarna heb ik nog maar één keer een bodempje wijn gedronken. Voor mij het bewijs dat het werkt. En dat is het allerbelangrijkste.

Zondag
4 juni 2023
4.55 uur

Mijn ritme is de laatste tijd een beetje veranderd: ik sta tegenwoordig rond vier uur, halfvijf op. En dus schrijf ik soms ook zo vroeg. Dat is niet omdat ik doorhaal of juist niet kan slapen – het is omdat ik de meeste avonden rond acht uur, halfnegen ga slapen, en rond vier uur, halfvijf wakker word. Uit mezelf, overigens. Ik doe dit geheel vrijwillig, omdat ik zó van de ochtend houd. En sinds ik alcoholvrijer ben geworden, nog véél meer dan ik al deed. Want de ochtenden zijn nooit meer vertroebeld door een kater.

Vanochtend had ik mijn wekker om 6.15 uur gezet, ik werd wakker om vier uur en ik voelde me compleet fris en uitgerust. Prima, eruit dan maar! Schrijven, creatief werk doen. En vandaag: voorbereiden op mijn feestje voor mijn verjaardag! Om elf uur komt een klein groepje vrienden en familie om taart te eten en daarna te borrelen. Net nog wat extra flessen wijn koud gezet, al denk ik niet dat er veel gedronken gaat worden. Voor mezelf heb ik fijne alcoholvrije bubbels en als ik zin heb kan ik alcoholvrije cocktails maken.

Maar eerst over vrijdag. Ons bijzondere etentje. Het werd champagne. En wat voor één. Ik legde aan Thérèse, de eigenares en sommelier, uit wat ik graag wilde. Het was bijna alsof ik een droom aan het beschrijven was. Ik voelde me weer even helemaal de 'oude Cynthia' die wijnkaarten doorspit, uitzoekt

wat ze lekker vindt en aan de sommelier uitlegt wat voor wijn ze nu precies zoekt. Die Cynthia is er gewoon nog steeds, maar ze steekt niet meer elke week de kop op. 'Ik wil graag een champagne van een wat kleiner huis. Sowieso een vintage. Het mag wel wat ouder, we houden van die gistsmaken, van getoast brood, nootachtig, vanille. Liefst een blanc de blancs, maar dat hoeft niet per se. Budget ongeveer 150, 200 euro.'
Acht maanden lang heb ik niet zoveel geld aan een fles drinken uitgegeven en alleen dát vind ik al fantastisch om weer eens te doen. Ik geniet van die verwennerij (alsof zo'n lunch nog niet genoeg verwennerij is), het decadente, weten wat ik lekker vind en daar een flink bedrag voor neerleggen.

Ze begreep me natuurlijk meteen en er kwam me daar toch een flés op tafel. Een Grand Cru, dat betekent dat druiven uit de beste wijngaarden uit de streek gebruikt zijn. Uit 2006, pas in 2016 was de *dégorgement*. Dat betekent dat de gistprop uit de fles is gehaald en de mooie 'plopkurk' erop komt. Van 2006 tot en met 2016 heeft de wijn dus contact gehad met de gisten, wat voor allerlei smaken zorgt die ik zó lekker vind, de 'autolyse' smaken, zoals toast, brioche en noten.
Ik wil zeggen dat het onbeschrijflijk is, hoe het smaakt. Maar ik kan het precíés omschrijven. Het is lekker droog, maar niet heel zuur of strak. Een zachte, romige bubbel. Het is als een melbatoastje met wat gekonfijte citroen en hazelnootjes. Elk slokje is te gék. Na een paar slokjes realiseer ik me ook: we hebben een fles. Mijn hemel, ik kan voor het eerst in zo'n lange tijd weer eens een glas, of twee (of zelfs drie!) drinken.
Het was de juiste keuze. De waanzinnig mooie en geweldig smakende gerechtjes kwamen gang na gang op tafel, en telkens had ik een beetje van die te gekke champagne erbij.

En ja, vandaag maakte het het beter. Het maakte het zóveel beter. Het was een feest, een genot. Dat was het zonder de champagne ook geweest, maar het heeft het totaal compleet gemaakt. Willem heeft overigens het grootste deel van de fles gedronken, na ongeveer twee glazen vond ik het goed, en daar

”

Meer is niet beter. Beter is wel beter.

heb ik de hele vier uur durende lunch mee gedaan. Meer is niet beter. Beter is wel beter. Goede kwaliteit, zo'n geweldige fles: dit heb ik wel een beetje gemist en ik heb er met volle teugen, of beter gezegd kleine nipjes, van genoten.

Vandaag vier ik dus mijn verjaardag, en ik hoef er geen seconde over na te denken: ik drink niet. Er staat bier en wijn koud voor mijn vrienden als ze er zin in hebben, ik drink net zo graag iets anders. Misschien wel liever. Het maakt voor mij een feestje als vandaag niet beter als ik wel drink, dat weet ik. Dus daar zoek ik mijn momenten op uit. Voegt het écht iets toe? Vrijdag was dat zo en het was de beste keuze wat alcohol betreft van de afgelopen acht maanden – naast dat ik besloot te stoppen, natuurlijk.

Maandag
12 juni 2023
12.35 uur

In alcohol zocht ik vaak dat heerlijke geluksgevoel. Dat warme gevoel van intense tevredenheid. Het kon aanvoelen als een golf plezier die door mijn lichaam borrelde. Of juist als een warme deken over me heen. Ik zuchtte dan altijd diep en kon alleen maar glimlachen. Het sterkst had ik dit altijd als ik alleen dronk. Heel bewust drinken, liefst met iets lekkers te eten erbij en een goed boek, en dan dat gelukzalige gevoel ervaren.

Sinds ik alcoholvrijer leef, zoek ik die geluksmomenten meer op, en dan zoek ik natuurlijk naar hoe ik ze zonder alcohol kan beleven. Alcohol zorgt voor de aanmaak van endorfine in je hersenen, wat in de eerste plaats pijn verdooft, maar ook dat fijne euforische gevoel geeft. Ook vermindert het stress. Vorige week deed ik een creativiteitscursus en daarbij moest ik opschrijven welke dingen ik allemaal leuk vind, waar ik blij van word. Ik krabbelde het hele lijstje vol, en concludeerde ook: ik zoek heel veel van deze dingen heel bewust op.

Mijn eigen favoriete natural highs:

/ Sporten. Bij sporten heb ik het het sterkst. Soms al tijdens het trainen, als ik bijvoorbeeld een record haal, of sneller of sterker ben dan de vorige keer. Soms voel ik het heel sterk na het trainen, en zit ik met een rush van geluk en een brede lach op mijn gezicht op de fiets terug naar huis.
/ Wandelen in de natuur, het liefst op de vroege ochtend. Genieten van het gekwetter van vogels in een explosie van groen (of grijs, in de winter). En wandelen op het strand, daar krijg ik altijd een lach van op mijn gezicht.
/ Knuffelen met Kees. Vooral 's ochtends vroeg als ik net uit bed kom en haar weer zie na de nacht, en ze me met haar slaperige oogjes aankijkt, ik mijn neus in haar vacht druk en haar typische geurtje ruik, kan ik me zó intens blij voelen.
/ Knuffelen met Willem. En seks, natuurlijk.
/ Alleen zijn. Alleen plezier hebben, me alleen redden, of alleen reizen.
/ Dingen doen die ik eng of heel spannend vind. Dat kunnen dingen zijn voor mijn bedrijf, zoals op een podium voor een grote groep mensen een presentatie geven. Dan voel ik me daarna onoverwinnelijk. Of juist iets fysieks. Over een paar weken ga ik voor het eerst parachutespringen. Ik reken op een flinke boost aan endorfine.
/ Iets (kleins) liefs voor een ander doen. Eten geven aan een dakloze bij de supermarkt, of een parkeerkaartje doorgeven. Geeft me altijd een lekker gevoel.
/ Iets met mijn handen doen. Schilderen, creatief bezig zijn, of juist in de tuin werken en iets praktisch doen, of opruimen.
/ Uit eten gaan of met eten bezig zijn. Ik kan ontzettend uitkijken naar een etentje, maar kan ook met volle teugen genieten van mijn favoriete maaltje dat we zelf thuis gemaakt hebben. Eten is voor mij echt geluk en daar kan ik ook erg van nagenieten.
/ Een doel behalen dat ik heb gesteld, of dat nou privé of voor mijn bedrijf is. Zeker als het lastig was en als ik er hard voor heb moeten werken.

Toen ik nog regelmatig dronk, was ik hier minder mee bezig. Ik ben altijd wel echt zo'n 'levensgenieter' geweest, maar ik keek in het weekend vooral uit naar mijn wijnmomenten en niet per se naar mijn work-out of een wandeling. Nu zijn mijn natural highs praktisch mijn enige highs en dus zoek ik er onbewust én bewust veel meer naar.

Op Instagram vroeg ik mijn volgers of ze hun natural highs wilden delen. Dit waren de antwoorden:

/ Schilderen, creatief bezig zijn
/ Knuffelen met huisdieren
/ Huid op huid met baby
/ De natuur
/ Sporten
/ Fietsen of wandelen in de natuur
/ Fluitende vogeltjes
/ Alleen zijn
/ Het strand
/ De bergen
/ Het moment dat ik in de trein naar Schiphol zit voor een nieuwe reis
/ Lekker eten
/ Niets hoeven
/ Livemuziek
/ Lezen
/ Seks
/ Complimentjes krijgen
/ Yoga
/ Shoppen
/ Goede koffie
/ Dansen
/ Een opgieting in de sauna
/ Knuffelen met geliefden
/ Varen
/ Paardrijden
/ Gamen
/ Wakker worden en de zon schijnt
/ Versgemaaid gras ruiken
/ Pretparken: in de achtbaan gaan
/ Vroeg naar bed gaan
/ Chocola
/ Alleen reizen
/ Iets aardigs voor een ander doen
/ Uit eten gaan
/ Een massage krijgen
/ De top bereiken tijdens een stevige hike
/ Een opgeruimd huis
/ Een prachtige bos bloemen
/ Een takenlijstje dat af is

Opvallend hè, dat nergens 'social media' of 'internet' staat ... Al zorgt scrollen wel voor een geluksgevoel, we herkennen het niet echt op die manier. Ikzelf ook niet.

Al deze antwoorden inspireren me. Vrijdag vertrek ik voor twee weken naar Oostenrijk. De eerste week ben ik met vijftien ondernemers op Structuurjunkie Workation, die ik samen met mijn eventmanager Hanneke heb georganiseerd. De week erna heb ik er met Willem nog een weekje vakantie.
Ik ben van plan het vol te stoppen met mijn natural highs. Een massage nemen. In m'n eentje de berg op om ergens koffie te drinken. Uit eten gaan (heel veel). Sporten. Seks. Niets hoeven. Knuffelen met Kees (zij gaat mee!). Hopelijk wakker worden terwijl de zon schijnt. Veel in de natuur zijn. Paragliden? En die telefoon mag wel wat vaker aan de kant.

Woensdag
21 juni 2023
15.03 uur

We zijn halverwege de workation en ik zit zó te genieten. Urenlang wandelen, chillen in de spa, op m'n balkon zitten met uitzicht op de berg en lezen, studeren, mijmeren, ellenlange verhalen in mijn dagboek schrijven. Sporten, zwemmen, fantástisch lekker eten elke dag. Oh, enne, waar ik hier voor kom: werken. En het mooiste: ik mag dit samen met vijftien ondernemers doen die het óók zo ontzettend naar hun zin hebben.

Ik reflecteer op een jaar geleden, toen ik deze workation in Oostenrijk voor het eerst organiseerde. Het hotel waar we zitten is prachtig en heeft lange gangen tussen de verschillende restaurants, vól met wijnkoelkasten. Een prachtig gezicht, en toen ik hier voor het eerst kwam: de hemel. Zóveel goede wijn, zóveel goede Oostenrijkse wijn, voor een mooie prijs.
Ik weet nog goed dat ik vorig jaar mezelf elke avond voornam om niet te drinken. Ik 'mocht' van mezelf twee avonden drinken, één glas, want een beetje genieten moet toch wel kunnen, en ik heb mezelf de hele week rot gevoeld omdat het me geen enkele avond is gelukt om me aan dat voornemen te houden. Dan zat ik aan tafel en ging ik tóch overstag.

Want ja, ik ben hier nu, deze wijn is zo lekker, en ach, bij het dessert nog een zoete wijn, en het is zo gezellig, en als het toch een keer kan, dan toch maar nu ... Terwijl ik mezelf elke avond voornam: nee, vanavond drink ik niet, want morgen wil ik fris en fruitig zijn.

Het resultaat was dus dat ik me geen enkele ochtend fris en fruitig voelde, me daar dan óók nog schuldig over voelde en zo de halve dag voor mijn gevoel de prullenbak in donderde. Ik kan me één ochtend goed voor de geest halen waarop ik met een kater ging hardlopen en ik me vré-se-lijk voelde. Ik heb er nog een selfie van, met een opgeblazen gezicht en dikke wallen onder mijn ogen.
Nu heb ik zoveel goede redenen om níét te drinken. En dat maakt het zo ontzettend makkelijk om het niet te doen.

- Ik wil deze week hélemaal meemaken. De gesprekken écht voeren. Met volledige aandacht luisteren. Ik wil het niet vertroebelen.
- Ik wil, altijd maar zeker deze week, me elke dag zo fit mogelijk voelen, zodat ik een actieve, sportieve en productieve dag kan hebben waar ik met volle teugen van kan genieten, en waarop ik het allerbeste van mezelf aan de deelnemers kan geven. Dat lukt me stukken beter als ik geen last heb van die wijn van gisteren.
- Ik wil juist deze week goed slapen, zodat ik overdag kan léven. Zonder alcohol slaap ik zóveel beter.

Er was nog geen enkel moment dat ik toch graag een glas wijn wilde bestellen deze week en ik denk ook niet dat het gaat komen. Wat een heerlijk besef. Het mág. Maar ik wil het heel bewust niet. Zo'n fijn gevoel.

Zaterdag
1 juli 2023
7.16 uur

Ik voelde me euforisch, intens blij, de brede grijns ging níét van mijn gezicht af en het voelde alsof ik op wolkjes liep. Zorgen en stress bestonden niet, alles voelde licht en luchtig en ik wilde Willem en

Kees de hele tijd knuffelen. Nee, ik had niet net een hele fles champagne gedronken, maar ik was net geland na het paragliden. Over natural highs gesproken, mijn hémel ...
Voor ik naar Oostenrijk vertrok, overwoog ik al om dit te gaan doen, en Willem trok me de streep over – of beter gezegd: duwde me de spreekwoordelijke berg af – om dit ook echt te gaan doen. Mijn vorige ervaring met grote hoogtes was ziplinen in Costa Rica vanaf 1250 meter hoogte en dat vond ik op zijn zachtst gezegd niet een heel groot succes. Maar ik besloot het nog een kans te geven.
Op Instagram deelde ik mijn spanning en vroeg ik om tips om ervan te genieten. 'Je ogen open houden!' las ik veel. En: 'Diep in- en uitademen en ontspannen gaan zitten.' 'Het is niet echt eng, er is geen "afgrond" waar je vanaf springt, want je gaat al de lucht in boven de grond.' Ik kreeg honderden berichtjes en ik werd ervan verzekerd dat ik vooral lekker moest ontspannen. Klinkt goed, maar hoe doe je dat? Ik moest het maar gewoon gaan ervaren.

In de gondel de berg op – 1900 meter hoog – worden mijn zweethandjes steeds iets natter. Het liefst blijf ik zitten, om zo lekker weer terug naar beneden te gaan. Rechts naast mij zit Willem, compleet relaxed, met een lach op zijn gezicht. 'Het wordt zo vet, Cynthia,' zegt hij, terwijl hij een arm om me heen slaat. De paraglidepiloten zitten tegenover ons. In het Engels leg ik uit dat ik een beetje nerveus ben. En of ze tips hebben. Daniël, de piloot met wie ik straks in de tandem zit, lacht vriendelijk naar me. '*No need to be scared!*' zegt hij vrolijk. '*It's not scary. You'll see.*'

Oké, dat helpt niet per se heel erg. Wat wel helpt is dat deze jongens zó ontzettend relaxed zijn en dat ik weet dat ze heel wat jaren ervaring hebben.
Nadat we naar onze startplek zijn gelopen, de paraglides goed zijn neergelegd, we allebei ons harnas aan hebben en we aan onze piloten zijn vastgeklikt, is het *go time*.
'*Are you ready, Cynthia?*' vraagt Daniël. '*No, but yes, but no, but*

let's go,' zeg ik hem. Ik moet keihard rennen totdat hij zegt dat ik mag stoppen. Al na een paar seconden voel ik hoe de vlieger ons optilt en dat we van de grond loskomen. Heel snel zitten we heel hoog en dan hangen we. '*This is it! Not scary at all!*'

En ik kan het beamen. Wauw. We zitten echt fúcking hoog, ik kan kilometers ver kijken en het is stil. Ik kijk naar beneden – o mijn god, dit is hóóg –, ik kijk om me heen (wat ik in Costa Rica niet deed, daar kneep ik mijn ogen dicht tijdens het ziplinen) en ja, ik geniet. En nee, dit is níét eng. Wat een rust. Wat een uitzicht. Ik zie Willem iets verderop *gliden*, en hoor hem hier en daar een kreet uitstoten als zijn piloot een gekke manoeuvre doet. Dat durf ik na een minuut of tien ook.
We doen een paar rare bochtjes en wat vrije vallen (ik vertelde dat ik volgende week ga skydiven: '*We will do a few freefalls, so you know how it feels!*') en na een minuut of twintig landen we. Ik kan niet anders dan lachen als ik op mijn kont in het gras beland.

Je kunt duizend dingen bedenken die mis kunnen gaan, bang zijn voor de hoogte, erover piekeren en tobben, maar als je alles loslaat, de juiste kant op fantaseert, dan mag het nog steeds spannend zijn, maar meestal blijken de zorgen niet nodig, gaan er geen duizend dingen mis – zelfs niet één – en is het ontzettend genieten.

Als ik de foto's van de vlucht terugzie, zie ik op elke foto een brede lach. Na de vlucht voel ik me de hele dag licht. Luchtig. Vrolijk. Dankbaar. Blij. Zorgeloos. Tijdens de vlucht kon ik alleen maar dáár zijn, aan die vlieger, zo hoog in de lucht. Dat gevoel bleef een dag hangen. En het voelde zóveel beter dan een fles wijn, want ik had geen kater en de high duurde letterlijk en figuurlijk zoveel langer. Je kunt duizend dingen bedenken die mis kunnen gaan, bang zijn voor de hoogte, erover piekeren en tobben, maar als je alles loslaat, de juiste kant op fantaseert, dan mag het nog steeds spannend zijn, maar meestal blijken de zorgen niet nodig, gaan er geen duizend dingen mis – zelfs niet één – en is het ontzettend genieten.

Deze high voelt fantastisch. En volgende week zaterdag ga ik dus skydiven. Daar was ik me toch een potje bang voor, en nu heb ik er zelfs zín in. Laat mij nu maar uit een vliegtuig vallen op drie kilometer hoogte, ik kijk uit naar dit héérlijke gevoel nog een keer.

Donderdagavond, tijdens ons laatste diner voor vertrek naar Nederland, bestel ik in het restaurant hier in het hotel een alcoholvrij drankje van de kaart: verjus spritz.
Nog nooit gehad, dus ik zoek het even op. Verjus wordt gemaakt van onrijp fruit, in dit geval van onrijpe druiven. Daardoor smaakt het zuur en zit er weinig suiker in. Het wordt vaak gebruikt in sauzen en dressings, donderdag dronk ik het als alcoholvrij aperitief – aangelengd met bruiswater – en dat was zó verrassend! Fris, zuur, licht fruitig, met zeker een hint van hoe wijn smaakt, maar nét even wat anders dan alle (vaak wat zoete) alcoholvrije alternatieven. Dit ga ik zelf in huis halen, want dit smaakt naar meer.

Zondag
9 juli 2023
8.00 uur

Wat een week heb ik achter de rug. Ik zit nu in de tuin, in de ochtendzon, te reflecteren op de afgelopen zes dagen. Een week vol twijfels, tranen, zorgen, frustratie, en daarna keuzes, doorgehakte knopen, lichtheid, ruimte – en als afsluiter sprong ik gisteren uit een vliegtuig.

Goed, naar het begin.
Vorige week kwamen Willem en ik terug uit Oostenrijk. Twee weken in de bergen, intens genoten van de workation, van de mensen, van de natuur. Veel nagedacht over wat ik wil met mijn bedrijf en werk. Veel geschreven in mijn dagboek, veel gepraat. Toen we terugkwamen vorige week, was ik boos en chagrijnig. Ik kon op dat moment niet goed de vinger leggen op de reden daarvan. Ik gooide het op een 'bergkater'.

”

‘Wat was de druppel dat je besloot hier een afspraak te maken?’

Waarom is het hier zo plat en waarom is hier overal steen en asfalt?
Tot ik zondag, nog steeds boos en chagrijnig, ging googelen naar 'psycholoog Zwolle'.

In Oostenrijk heb ik veel met Willem gepraat over iets wat mij al jaren dwarszit en een steeds groter probleem voor me wordt: mijn obsessie met prestatie en cijfers in mijn bedrijf. Iets wat één keer in de paar maanden terugkomt in de vorm van stevige stress en onrust, iets wat elke dag terugkomt in de vorm van lichte zorgen, ontevredenheid over alles wat ik doe en boosheid. Op mezelf.
Het werd tijd om daar eens met iemand over te praten. Dinsdag zit ik bij haar op een grote, zachte, comfortabele stoel.
'Wat was de druppel dat je besloot hier een afspraak te maken?' vraagt de psycholoog mij.
'Dat ik vorige week op zo'n ontzettend prachtige plek ben, na een heel succesvolle workation met allemaal blije mensen. Dat ik feitelijk gezien een goede maand gedraaid heb, en ik daar bij het ontbijt, met Willem, boos op mezelf, met tranen van frustratie, zit. Wéér niet mijn omzetdoel gehaald, wéér niet gelukt. Een nieuwe maand, wéér opnieuw beginnen, wéér die omzet móéten draaien, want er zijn zo ontzettend veel hoge kosten. Ik voel zo'n grote druk, zoveel móéten, en dan kan ik nergens meer echt van genieten. Want het is niet goed genoeg. Alsmaar niet. Wat ik ook doe. Hoe succesvol ik ook wéét dat het is, het is niet goed genoeg.'
Terwijl ik dit vertel, ben ik in tranen. Ik realiseer me heel sterk wat voor ongezonde patronen ik heb qua gedachten en overtuigingen rondom wat ik doe. Een uur lang vraagt ze door, luistert ze, en ik praat en praat en praat.
'En het doel naar beneden bijstellen, is dat een optie?'
Ik denk na. Néé! denk ik meteen.
'Nee,' zeg ik. 'Want ik moet mijn teamleden en alle kosten betalen. Daarvoor moet er een bepaalde omzet zijn, anders kan ik niet aan die verantwoordelijkheid voldoen. Dan red ik het niet. Het moet.'

Na het gesprek wandel ik met Kees en realiseer ik me: wat nou als ik het allemaal simpeler maak? Wat nou als ik met een aantal dingen ga stoppen. Dingen die me veel geld kosten en niet superveel opleveren en waardoor ik een boel rust creëer? Meteen na die wandeling noteer ik wat ik wil doen en ik plan direct afspraken in.
Dit is onderdeel van meer rust, meer loslaten, minder moeten: létterlijk minder moeten. Minder verantwoordelijkheden. Minder kosten. Eerst simpeler maken. En nadenken over: wat vind ik nou écht leuk? Waar word ik écht blij van? En daar meer van doen. Het klinkt zo simpel en ik wéét dit, ik adviseer dit ook zo vaak aan klanten en vriendinnen. En bij mij vallen deze week wel honderd kwartjes over hoe ik het anders kan doen.

Ik hak een aantal grote knopen door rondom mijn bedrijfsvoering. Ik neem afscheid van een grote klant waar ik al een tijdje geen voldoening meer uit haal, en het geeft direct weer rust en ruimte. Deze week begon zwaar. Het voelde alsof ik door dikke, stroperige modder aan het ploeteren was, niks werkte mee, alles voelde moeilijk. Nu, een week later, ben ik er zeker nog niet, maar het voelt in ieder geval alsof de modder een stuk dunner is geworden.

Afgelopen woensdag was ik even murw, de dag na het gesprek. Alles was aan het doorwerken in mijn hoofd, ik had knallende koppijn en ik wilde vooral chillen en huilen. Ik appte een vriendin erover toen ze vroeg hoe het ging. 'Het was oké, ik heb vooral gehuild en met een vriendin een taartje gegeten en koffie gedronken. Wat acties uitgezet, erover gepraat en het ook gewoon even gelaten.'
'Dat klinkt goed,' zei ze. 'Ik was al even bang dat je een fles champagne opengetrokken had.' (Met een knipoog erachteraan.)
Op die momenten vol emotie en zwaarte gaat dat best even door mijn hoofd. Zeker als de dag ten einde loopt, zo tegen een uur of vier. Goh, een glas wijn of een biertje zou het wel even wat luchtiger maken. Er even aan ontsnappen. Maar ik

geef er niet aan toe. Het fladdert even door mijn hoofd, en dan weet ik ook direct: eraan willen ontsnappen gaat het niet beter maken. Ik moet door het ongemak heen, het voelen, het ervaren én de acties ondernemen om dit nu eindelijk te fiksen. Want dit is een probleem waar ik al jaren mee loop. Dus morgen heb ik weer een sessie bij de psycholoog.
En aan de andere kant fiks ik de praktische kant in mijn bedrijf. Het mag simpeler. Eenvoudiger. Terug naar de basis, terug naar wat me echt gelukkig maakt, en de modder die het allemaal zwaar en log maakt van me af schudden.
Het voelt als het begin van een grote verandering. En het is oncomfortabel, maar ik weet dat het goed is. Ik mag vertrouwen, loslaten en weten dat het goed komt.

Een ander moment van vertrouwen was gistermiddag. Met de Mastermindgroep waar ik in zit, gingen we, na twee dagen aan onze bedrijven te hebben gewerkt, skydiven. Allemachtig. Paragliden was eng, dit was keer honderd. Dit was doodeng. Alles in mijn lijf en hoofd schreeuwde: néé, dit moet je níét doen! Op weg naar drie kilometer hoogte, in een klein propellorvliegtuigje, hield ik mezelf rustig. Rustig inademen. Rustig uitademen. De instructeur, Tamas, met wie ik de tandemsprong deed, legde me nog een keer de procedure uit. 'Hoofd omhoog, benen naar achteren vouwen als we in de deuropening zitten en je tuig vasthouden.' Hij checkte nog een keer al onze gespen en haken en ik kreeg een strakke plastic bril op. '*Are you ready, Cynthia?*' vroeg hij en ik stak mijn duim op. We bewogen richting de grote uitgang van het vliegtuig. Dat moment in de deuropening, vlak voor de val – zó eng. De spanning had zich opgebouwd naar dit moment, het moment waar ik het allerbangst voor was. Het moment dat je je moet overgeven. Overleveren en erop vertrouwen dat het goed komt. Dat gevoel was er heel sterk en die rust hielp. Ik wist dat er geen weg terug meer was en dat ik dit op twee manieren kon doen: in paniek of in rust. Ik koos voor de rust.
Dat gevoel van de vrije val vond ik fysiek intens overweldigend. Met 200 kilometer per uur naar beneden vallen is

”

De dingen die het engst zijn,
zijn het allervetst.

onbeschrijflijk. Het voelde aan de ene kant alsof mijn lijf dit niet aankon (dit klopt gewoon niet!), aan de andere kant voelde het juist heerlijk én alsof we helemaal niet dichter bij de grond kwamen. Ik hield mijn ogen heel bewust open en keek om me heen. Dit zie je normaal alleen als je nog ín een vliegtuig zit. Mijn hemel, ik doe dit echt. Na ongeveer veertig seconden ging de parachute open en was er ineens rust. Wow, het zit erop. Nou ja, het zat er dus niet op, want we hingen nog steeds fucking hoog, maar nu aan een parachute. Tamas gaf me een high five en pakte mijn hand. '*Well done, Cynthia!*' Met nog wat bochtjes en aardig wat vaart gingen we richting de grond.

Ik voelde me na het landen zo trots, zo stoer, zo euforisch. Holy shit, ik heb dit gedaan, ik ben niet in paniek geraakt, ik heb ervan genoten, ik bleef rustig en was in het moment. Holy shit, ik heb dit gedaan! Ik hoef niet bang te zijn. Ik mag vertrouwen. Me overgeven. Me laten vallen. Focussen. Genieten. Om me heen kijken.

In het busje terug naar de vliegbasis zei ik: 'Dat moment waar ik het meest tegenop zag, dat moment in de deuropening en de val erna, dat vond ik eigenlijk het vetst.' Een andere instructeur keek me met een grote glimlach aan en zei: 'Dat is het precies. De dingen die het engst zijn, zijn het allervetst. Neem dat mee als je hier weer weggaat.'

Wat een heerlijk gevoel achteraf. Licht. Luchtig. Blij. Ontspannen. De dingen die het engst zijn, zijn het allervetst. Door de angst heen. Ademhalen, ogen open, genieten.

Donderdag
20 juli 2023
6.17 uur

Een vriendin appte me een TikTokfilmpje door dat ging over de lijst aan maatregelen die staatssecretaris Maarten van Ooijen van Volksgezondheid aan het samenstellen is om drankgebruik te verminderen in Nederland. Nog best recent, in 2021, werd het verbod op grote kortingen op alcohol ingesteld: winkeliers mogen niet meer dan 25 procent korting geven op alcoholhoudende dranken. Wat nu wel geinig is, is dat de 0.0-drankjes vaker in de aanbieding zijn, die kortingen hoger zijn en ze dus veel meer opvallen.

Wat er op die lijst staat? Een verbod om alcohol te schenken tussen vier uur 's nachts en acht uur 's ochtends, een verbod op de verkoop van alcohol op afstand (dus online), etiketten met gezondheidswaarschuwingen en het maximaal aantal te drinken glazen, een verbod op alcohol schenken in sportkantines, een verbod op de verkoop van speciaalbier en wijn in supermarkten, meer accijns op drank ... en zo gaat die lijst nog wel even door.

Ik zie mezelf helemaal niet als een activist op dit vlak, maar ik sta wel achter de meeste van deze maatregelen. Als ik terugdenk aan hoe dit door de jaren heen met sigaretten is gedaan, is dit daar mooi mee in lijn.

Zelf was ik me ook nooit zo bewust van hoe slecht alcohol voor me was. Het is overal, het is gezellig, het is lekker, het is leuk, er was nooit enige drempel om iets te kopen. Ik denk dat het een goede ontwikkeling is dat die drempels hoger worden, er waarschuwingen op etiketten komen te staan en we net iets meer met onze neus op de feiten worden gedrukt dat alcohol niet zomaar dat 'gezellige drankje' is.
Een beetje meer wrijving, regulering en ontmoediging lijkt me een uitstekend plan.

Jaren geleden was ik in Zweden, waar in de supermarkt alcoholhoudende dranken tot 3,5% mogen worden verkocht. Alles daarboven kun je alleen kopen in de staatsslijterij. Deze slijterij doet niet aan kortingen of acties, heeft geen winstoogmerk, maakt geen reclame én is in handen van de overheid. Alcohol is er ook een stuk duurder dan in Nederland. Dit is al zo sinds 1955. En ter vergelijking: Nederlanders drinken gemiddeld negen glazen drank per week, de Zweden maar twee (!).[9]

[9] www.trimbos.nl/kennis/alcohol/alcohol-in-cijfers/internationale-cijfers/

Dat zegt natuurlijk niet direct dat dat door de staatsslijter en deze maatregelen komt. Ik denk wel dat we dit perfect kunnen kopiëren. Het is gewoon een kwestie van wennen dat we ons flesje wijn of speciaalbier niet meer bij de Appie kunnen halen.

En weer even de heel andere kant op: over een week ga ik met Willem, Harma en Harold (en onze honden Kees en Hunter) voor een paar dagen naar de Moezel! Mijn eerste wijntripje sinds járen. We hebben twee proeverijen gepland, bij twee van mijn favoriete wijnhuizen uit deze streek. Ik heb zoveel zin in de verhalen van de wijnmakers, wandelen langs de steile wijngaarden, ruiken aan en proeven van al die prachtige rieslings, schnitzel eten, uren kletsen, spelletjes spelen en voor het eerst ooit geen katers op een wijnreisje.

Maandag
31 juli 2023
6.33 uur

Mijn eerste alcoholvrije wijnreis zit erop. Het was gewéldig. Ik heb er zó van genoten om me weer eens helemaal onder te dompelen in wijnkennis, smaken, wijngaarden, om in een gebied te zijn waar alles om wijn draait, om te luisteren naar wijnmakers, kelders in te duiken, alles op te zuigen. Behalve dan de wijn zelf, want ik heb niet gedronken dit weekend! Ik heb het mezelf niet verboden, als er een moment was waarop ik graag een mooi glas had willen drinken, dan was dat prima geweest. Maar na de intensieve wijnproeverijen met meer dan tien wijnen en veel uitleg, was ik zo moe en 'verzadigd' qua smaak dat ik helemaal geen zin meer had in een glas wijn. Het doet me denken aan de wijnreizen die ik vroeger maakte, dat iedereen na een proeverij op het terras zat met een biertje. Alsof de wijnpapillen zo vermoeid zijn dat je dan geen zin meer hebt in nóg meer wijn. Afgelopen weekend nam ik dan water, koffie of een 0.0-biertje.

Dit weekend was voor mij de bevestiging dat ik dit deel van wat ik zo mis aan wijn, gewoon kan verwelkomen in mijn leven. Proeverijen, wijnreisjes, het kan nog steeds, en ik kan er misschien wel nóg meer van genieten dan vroeger. De smaken zijn voor mij nu nog zoveel intenser en omdat ik bijna nooit meer wijn drink, is het ook echt iets heel speciaals.

Op vrijdagavond aten we met z'n viertjes in een restaurant in Zeltingen, en ik had me voorgenomen om een mooie fles voor onze tafel te bestellen, waar ik dan ook een beetje van zou drinken. Een goed moment, vond ik. Maar toen kreeg ik de wijnkaart, op een tablet, zó onoverzichtelijk, ik kreeg gewoon een error in mijn hoofd na de dag vol smaken, prikkels en ervaringen. De bediening was druk, er was niemand om te helpen en doordat ik zo overweldigd was door de keuze (uit letterlijk 2500 wijnen) bestelde ik maar een alcoholvrije radler. Misschien ook wel gewoon beter.

Ik vond het ook érg leuk om weer eens wijn te kopen, ook dat had ik al bijna een jaar niet meer gedaan. Bij de huizen waar we zijn geweest voor een proeverij zocht ik wat van de mooiste wijnen uit om thuis in de kelder te leggen. Om ooit te drinken of cadeau te geven. Vroeger ging ik met tientallen dozen naar huis, de auto volgeladen met héél veel flessen wijn. Nu koos ik heel selectief de wijnen die ik het allerlekkerst vond. En de wandelingen langs de steile wijngaarden langs de rivier de Moezel ... Prachtig. De mensen aan het werk zien bij de wijnstokken, de helikoptertjes die over de wijngaarden vliegen om ze te besproeien, hoe álles hier om wijn draait. Wat een harde werkers en wat een bijzonder product is het toch. Daar kan ik nog steeds erg van genieten.

Op Instagram deel ik dit weekend dat dit boek er komt. Ik vond het er wel tijd voor, zo na een wijntripje. Ik krijg honderden felicitaties, maar ik word ook overrompeld door de hoeveelheid kritiek die ik krijg. Deze raakt me het meest: 'Ik denk dat het oprechter overkomt als je het beestje gewoon bij zijn naam noemt en aangeeft dat je een alcoholverslaving had in plaats van dat maar continu te blijven ontkennen. Ten eerste is dat niets om je voor te schamen, en ten tweede lijkt het me lastig voor mensen met soortgelijke problematiek om een voorbeeld te nemen aan iemand die enerzijds een boek erover schrijft en anderzijds (nog?) volledig in de ontkenningsfase zit.'

Ik vind het heftig dat deze vrouw mij denkt te kunnen diagnosticeren met een alcoholverslaving. Alsof ik niet reflectief en eerlijk genoeg ben om dit bij mezelf te onderzoeken – iets waar ik al sinds september mee bezig ben. Ik ga respectvol het gesprek met haar aan, maar uiteindelijk reageert ze niet meer. Van haar mag ik ook geen boek schrijven over alcohol omdat ik geen alcoholist ben: 'Door een boek te schrijven over een bepaald onderwerp presenteer je jezelf als autoriteit op dat vlak. Of is het logisch dat Cynthia zegt: "Dit is mijn boek dat ik heb geschreven over een onderwerp waar ik niks van weet en dat ook niet op mij van toepassing is?" Ik denk inderdaad dat als het werkelijk zo is dat iemand die geen verstand en/of ervaring heeft met verslavingen hierover een boek gaat schrijven, dit uiterst kwalijk is vanwege de mensen die dit gaan lezen die wél een verslaving hebben. We hebben niet voor niets psychologen en andere hulpverleners die wel over de kennis en kunde beschikken om iemand te helpen. Ervaringsdeskundigen kunnen uiteraard ook boeken schrijven en mensen helpen, maar ervaringsdeskundige claimt Cynthia dus niet te zijn omdat ze nooit alcoholist is geweest.'

Jij als lezer van dit boek weet nu natuurlijk dat dit boek helemaal geen 'expertverhaal' is, maar een verhaal van iemand die stopt met drinken en haar ervaringen deelt.
Waarom raakt dit me zo?
Ik denk omdat ik mezelf ook soms een oplichter voel, zeker sinds ik mezelf weer toesta om te drinken. Sinds ik die keuze heb gemaakt in april, voelt het voor mij zoveel lichter en de praktijk wijst uit dat ik dan nog steeds praktisch niet drink. Dus dat is een goede keuze voor mij, op dit moment. Maar sindsdien twijfel ik soms, omdat ik niet wil dat mensen denken dat ik nu ineens mijn mening over alcohol heb losgelaten, dat ik weer 'terugga naar hoe het was', dat ik alcohol nu geen

”

‘Weet je het zeker?’ vroeg hij.
‘Gaat het nu echt gebeuren?’

vergif meer vind en het tóch weer als dat 'gezellige drankje' zie waar ik gewoon lekker van mag genieten wanneer ik wil. Dat wil ik júíst niet. Ik wil er bewust mee omgaan, en dat doe ik ook.
Ik ben absoluut geen expert op het gebied van verslaving en alcohol, dat is ook niet mijn streven en ook niet wat ik wil uitdragen met dit boek. Dit boek schrijf ik omdat ik mensen, die net als ik op een punt kwamen waarbij hun alcoholgebruik ging wringen, graag een beetje wil inspireren. Niet omdat ik denk dat ik alles weet van alcoholverslaving, want dat weet ik niet. Dat hoeft ook niet.

Nou, nu een glas wijn om de spanning los te laten. Dat zou wel even een makkelijke manier zijn, maar nee, wat veel beter helpt is er even over praten met Willem. Hij luistert, laat de frustratie er zijn. Vriendinnen appen vol ongeloof over de heftige reacties en steken me heel lief een hart onder de riem. Vroeg naar bed, lang slapen (dat heb ik de afgelopen dagen door alle gezelligheid niet gedaan) en toen ik vanochtend wakker werd, was alles in mijn hoofd én op Instagram weer rustig.

Dinsdag
8 augustus 2023
5.51 uur

Afgelopen weekend ging ik met Willem en Kees naar het Strandhotel in Cadzand. Een heel fijne plek aan zee waar ik voor werk al drie keer ben geweest het afgelopen jaar en waar ik Willem graag mee naartoe wilde nemen. Voor zijn verjaardag afgelopen week gaf ik hem een lang weekend cadeau.
Het was perfect. Een kamer met uitzicht op zee. Goed eten, een fantastisch ontbijt waarbij alles huisgemaakt is. Geen wekker. Urenlang op het strand wandelen. Zon, regen, storm, bijna alle seizoenen kwamen voorbij. Een paar dagen helemaal niks moeten met z'n drietjes.
Toen we aan het inpakken waren, zei ik tegen Willem: 'Haal de fles Cristal maar uit de kelder, die gaat mee naar Zeeland.' Hij kwam de gang uit lopen en keek me met grote ogen aan.
'Weet je het zeker?' vroeg hij. 'Gaat het nu echt gebeuren?'
Ik moest hardop lachen om de vraag. 'Ik weet het niet zeker,

maar misschien is er in Zeeland wel een moment om hem open te maken samen. Laten we hem gewoon meenemen.'
Dit is dus dé fles die ook al mee naar Terschelling ging in maart en die daar twee weken in de koelkast heeft gelegen en onaangeroerd weer mee naar huis ging.

Afgelopen zaterdag was daar het moment.
We hadden een gure strandwandeling gemaakt, ik was even baantjes gaan trekken en de sauna in gedoken en na een warme douche voelde ik me in mijn joggingbroek en kasjmieren trui helemaal rozig. 'Wat denk je ervan,' vroeg ik aan Willem, 'is dit voor jou een moment voor de Cristal?'
Hij was nog even aan het werk, maar klapte direct zijn laptop dicht en was resoluut: 'Anytime.'

We hadden die middag allemaal lekkere hapjes gehaald die als avondeten konden dienen. We stalden ze uit en ik maakte voorzichtig de fles open. Deze Cristal is een Grand Cru-champagne uit 2009, een van de beste champagnes ter wereld, ik kocht hem voor ongeveer 250 euro. Nu, nog geen anderhalf jaar later, is-ie overal waar ik hem kan vinden al zo'n 300 euro. Ik kocht hem destijds om een paar werksuccessen te vieren en wilde hem bewaren tot een bijzonder moment. Nu is dit niet per se een bijzonder moment, maar sommige momenten mag je gewoon zelf bijzonder maken, vind ik. Dus in mijn panterjoggingbroek, zonder make-up, haar in een knot, Cristal in een hotelbed met een goede serie en lekkere hapjes.

De vorige keer dat ik een heel glas wijn dronk was begin juni en dit was weer volop genieten. Ik was éventjes bang dat ik hem niet lekker zou vinden, maar toen ik de fles openmaakte rook ik al meteen: dit zit goed. Ik denk niet dat ik champagne ooit zat zal worden. Wat een geuren en smaken – zó lekker. Slokje voor slokje genoot ik van de twee glazen wijn, met Willem en Kees naast me, in een wolk van zacht wit beddengoed, met uitzicht op een woeste zee en regen die tegen de ramen aan spatte. Dit moment was het helemaal waard.

En: geen hoofdpijn, hanxiety of schuldgevoelens. Ik slaap als een blok en voel me heerlijk. Dit weekend was precies wat ik nodig had: niks hoeven, niks moeten, geen plannen, geen fomo, nergens te hoeven zijn en heel veel tijd om met elkaar te zijn en te doen waar we zin in hadden. Ik sta wel te kijken van het feit dat ik nergens last van heb. Terwijl ik vroeger zóveel last kon hebben van twee wijntjes. Misschien omdat ik het verspreid over de avond dronk, misschien omdat het geen dagelijkse of wekelijkse bezigheid meer is? Ik ben blij dat ik me zo goed voel en geen kater heb, én ik realiseer me daardoor ook: dit is niet iets wat ik alsnog regelmatig wil gaan doen. Goed opletten dat het er niet weer in terugsluipt, Schultz.

Volgende week dinsdag begint mijn 'echte' vakantie: ik ga tien dagen naar Spanje, naar een *co-living*-villa in de bergen vlak bij Málaga. De dag ervoor heb ik nog een therapiesessie met mijn psycholoog. De fase van dingen simpeler maken in mijn bedrijf is in volle gang, ik heb de afgelopen weken belangrijke keuzes gemaakt waardoor alles al heel snel een stuk eenvoudiger wordt in mijn hoofd. Ik heb veel gesprekken gevoerd om projecten en activiteiten stop te zetten binnen mijn bedrijf. Er is dus al heel wat druk van de ketel. Maar er is ook veel tussen mijn oren waar ik mee bezig ben. Zo heb ik door de gesprekken ontdekt dat ik op veel dingen een extreme vorm van controle wil uitoefenen, wat meestal natuurlijk helemaal niet lukt, maar wel veel energie kost. Ik ben mijn controle- en vermijdingsstrategieën aan het ondervragen, en de uitdaging is: ze níét doen.

Kom op, Cynthia, je bent toch geen klein meisje meer, echte ondernemers huilen niet om dit soort dingen.

Zo was ik de laatste jaren altijd erg obsessief bezig met cijfertjes. Meerdere keren per dag controleerde ik dashboards, spreadsheets en berekeningen rondom omzet en winst in mijn bedrijf. Als ik me onrustig voelde over 'hoe goed alles

ging' (oftewel: ik voelde dat alles slecht ging), dan was mijn controlestrategie om die dashboards en spreadsheets door te spitten en bij te werken. Dan had ik weer heel eventjes een gevoel van controle – dat helaas maar een paar uur duurde. Ik heb nog véél meer van dit soort strategieën die me heel eventjes een vals gevoel van controle geven. Plannen is bijvoorbeeld iets waar ik erg goed in ben, en soms sla ik daarin door als ik stress voel, wat erg veel tijd en energie kost en dan niet écht meer iets oplevert.
Al dit soort ongemak en onrust mag ik nu gewoon voelen, om vervolgens níét over te gaan tot mijn controleneigingen. Dat doe ik nu een week of twee en dat is soms heel oncomfortabel. Ik voel me dan gestrest of onrustig, onzeker over bepaalde situaties of prestaties. Hiervoor wilde ik dat gevoel dan wegduwen en iets anders doen om me iets beter te voelen. Nu mag ik die gevoelens de ruimte geven, en dan kijken wat ik ermee wil. Zo ontdekte ik vorige week een fout in een zakelijke mailing naar klanten, bij een mailserie waarin al veel was misgegaan. Ik barstte in tranen uit. Een stemmetje in mijn hoofd zegt dan: 'Kom op, Cynthia, je bent toch geen klein meisje meer, echte ondernemers huilen niet om dit soort dingen. Dat parkeer ik dan maar even, ik laat de tranen stromen, wat maar enkele minuten duurt. En daarna kan ik het oplossen door contact te zoeken met teamleden en het te bespreken. Het voelt dan alsof ik een douche heb genomen, alsof ik even 'schoon' ben gespoeld. De rest van de dag was ik er niet meer mee bezig, terwijl dit soort dingen normaal nog een tijd konden doorsluimeren in mijn hoofd en lijf. Nu voelde het gewoon alsof het eruit was.

Ik heb besloten dat ik voor mijn bedrijf de rest van het jaar geen strategie heb. Geen omzetdoelen. Geen winstdoelen. Oncomfortabel, want ik ben niet anders gewend dan met targets, KPI's, OKR's en dashboards werken. Ik weet wat mijn kosten zijn, dus dat 'moet' ik wel halen qua geld. En verder focus ik op wat ik het leukste vind om te doen en zorg ik dat de dingen die dit jaar nog gepland staan, met alle focus en aan-

dacht die ze verdienen, worden gedaan. En als ik een onrustig en gestrest gevoel krijg van 'kan ik het wel, red ik het wel, zit ik straks niet in de rode cijfers, moet ik niet méér doen', dan laat ik dat gevoel er zijn. Het is oké. Of nee: het voelt helemaal niet oké, maar het mag er zijn.
Ik realiseer me ook hoe geweldig het is dat ik mijn eigen bedrijf heb (hoe zwaar ik dat soms ook vind) en dat ik ook zelf al die keuzes kan maken om het naar mijn hand te zetten. Om het weer leuker, beter, gezónder te maken voor mezelf. Ik denk ook dat het stoppen met drinken eraan bij heeft gedragen dat ik hier nu zo bewust mee bezig ben. Ik heb een tool minder om mijn gevoelens en emoties uit de weg te gaan (alcohol), ik móét er wel mee dealen.

Over een week heb ik tien dagen vakantie. En ik hoef van mezelf die tien dagen niks. Ik ga alleen, dus ik kan precies doen waar ik zin in heb. Wat een heerlijk idee – ik heb namelijk tijdens vakanties altijd nog wel dingen die ik 'moet' van mezelf. Zoals tienduizend stappen per dag zetten, sporten en voedzaam eten. Ik heb besloten dat ik deze vakantie helemaal niks moet. En dan ook écht niet. Zodat ik kan voelen waar ik écht zin in heb, waar ik écht behoefte aan heb, en dan kan ik dat gaan doen.
Anna, de eigenares van de co-living-villa waar ik heen ga, is ongeveer in dezelfde periode als ik gestopt met drinken. Ik ga haar volgende week voor het eerst in het echt zien (we spreken elkaar al via Instagram en WhatsApp) en we gaan natuurlijk met een 0.0-biertje proosten. Ik kijk ernaar uit.

Vrijdag
25 augustus 2023
15.00 uur

Ik zit op het vliegveld van Málaga na tien dagen vakantie in de natuur. En wat was het bevrijdend om even niks te hoeven, niks te moeten, geen plannen te hebben en precies te doen waar ik zin in had. Het is jaren geleden dat ik zo vakantie heb gevierd, er waren altijd werkdingen te doen, en als het geen werk was, dan 'moest' ik wel sporten van mezelf, of iets anders om me goed over mezelf te voelen.

'Toen ik nog dronk, was het net alsof ik altijd een teddybeer bij me had. Iets wat je wat zekerheid geeft, een goed gevoel, waar je je aan vast kunt klampen als het even lastig is. Dat drankje was de teddybeer. In het begin was dat best even wennen, dat die teddybeer wegvalt.'

Dit was heel anders. En na één middag met mezelf worstelen (ik voelde me onrustig door alle plannen die er zijn ná mijn vakantie) aan de rand van het zwembad, kon ik me helemaal overgeven aan 'doen waar ik zin in had'. Dat was veel wandelen door de Spaanse bergen met de vijf honden die ook in de villa woonden, veel lezen aan de rand van het zwembad, dorpjes in de buurt verkennen en óók lekker sporten als ik die behoefte voelde.
Anna en Cees, de eigenaren van de villa, drinken ook allebei niet. Cees maakte een mooie vergelijking toen we uit eten waren. 'Toen ik nog dronk, was het net alsof ik altijd een teddybeer bij me had. Iets wat je wat zekerheid geeft, een goed gevoel, waar je je aan vast kunt klampen als het even lastig is. Dat drankje was de teddybeer. In het begin was dat best even wennen, dat die teddybeer wegvalt.'

Zo'n mooie vergelijking vond ik dat, want zo ervoer ik dat ook. Een drankje maakte alles net iets makkelijker, net iets zachter, het gaf soms een zelfverzekerd gevoel op een feestje of borrel, en bij stress of onrust kon ik knuffelen met die teddybeer, die me even geruststelde.

Deze vakantie las ik heel wat boeken en het boek dat ik nu aan het lezen ben heet *De Wezens*, van Matt Haig. Het boek gaat over een alien die in het lichaam van een mens op aarde komt om wat belangrijke taken uit te voeren. Hij verwondert zich over de mensen en al hun gewoontes en rariteiten. Erg grappig. Uiteraard ontdekt hij ook het plezier van een aantal glazen wijn, en ook wat het de dag erna met hem doet: 'De volgende dag had ik een kater. Ik realiseerde me dat dronken

”

Bizar om te zien wat er het afgelopen jaar allemaal veranderd is in mijn leven.

worden een manier was waarop mensen vergaten dat ze sterfelijk waren, en katers waren de manier waarop ze er weer aan herinnerd werden. Ik werd wakker met hoofdpijn, een droge mond en met buikpijn.'

Die avonden dat ik lekker aan de wijn ging, vergat ik al mijn zorgen, alle onrust, alle stress. Ik voelde me als een vlinder zo vrij en ontspannen, zo blij en zorgeloos. Maar de dag erna was er vaak die kater, en soms was de nacht al een bron van stress en paniek, waardoor het plezier van de avond ervoor vaak helemaal teniet werd gedaan.

Ook deze vakantie heb ik geen druppel alcohol gedronken. Het was fijn me te omringen met mensen die ook niet dronken, en er lagen allemaal lekkere alcoholvrije drankjes in de koelkast. Zo ontdekte ik 0.0 tinto de verano. Tinto de verano is eigenlijk radler, maar dan met wijn. Wijn gemengd met frisdrank. En in dit geval dus zonder alcohol, en dat was érg lekker met veel ijs, buiten in de schaduw bij 32 graden met chips en een boek. Ook door deze tien dagen niet te drinken was het een vakantie waarin ik enórm heb kunnen ontspannen. Een vakantie zonder plannen, zonder moeten en zonder alcohol blijkt voor mij de allerbeste vakantie om helemaal tot rust te komen, zowel fysiek als mentaal.

En nu weer naar huis. Ik heb de komende periode veel afspraken en plannen geschrapt, gewoon omdat ik geen zin heb in direct weer zo'n volle agenda. Ik wil ook in mijn 'normale' leven wat vaker doen waar ik op dat moment behoefte aan heb, en niet de hele week alleen maar met de tijd en de planning bezig zijn. Dat neem ik mee uit deze (voor mij) bijzondere vakantie.

Over iets minder dan een maand is het een jaar geleden dat ik besloot alcoholvrijer door het leven te gaan. Bizar hoe snel het is gegaan en ook bizar om te zien wat er het afgelopen jaar allemaal veranderd is in mijn leven. Ik denk dat de alcohol

”

Het is alsof iedereen om mij heen stopt met drinken.

daar zeker een accelerator in is geweest, dat het juist door het stoppen met drinken allemaal in een stroomversnelling is gekomen. Het heeft me gedwongen om iets te doen aan mijn onrust en de stress die ik zo vaak voelde, ik kon niet meer ontsnappen in een avond drinken.
Het was een van de beste keuzes die ik in de afgelopen jaren gemaakt heb, dat weet ik wel.

Maandag
11 september 2023
11.25 uur

'Normaal hadden we nog een extra kar nodig gehad voor alle wijn!' grapt Annemieke. Ik lach hardop om dit besef. Ja, ze heeft gelijk. We zijn in Portugal, waar veel hartstikke lekkere wijn wordt gemaakt, het is heerlijk weer en we werken samen op afstand een weekje in een prachtig witgepleisterd huisje in de bergen, drie kwartier van Faro. We doen boodschappen in een lokale supermarkt en we lopen met twee ramvolle karren door de gangpaden. Eén gevuld met eten, de andere met drinken. Vooral heel veel bruisend water, wat lekkere frisdrankjes en wat 0.0-biertjes.

Het is alsof iedereen om mij heen stopt met drinken. Zo ook Annemieke. Niet per se uit idealistische overwegingen, maar vanwege haar gezondheid. Ze heeft een speciaal dieet voor een aantal allergieën en ook alcohol werd door haar arts geschrapt van het lijstje. Annemieke en ik hebben allebei wijnopleidingen gedaan en waren ook allebei passievolle drinkers. We wisten er veel van en we dronken er ook graag veel van. 'Weet je nog, toen we samen naar Curaçao gingen? Toen gingen er gewoon meerdere flessen champagne mee de koffer in.' Alsof het een soort eerste levensbehoefte was. Zonder champagne, zonder goede wijn geen vakantie. Nu kijk ik daar toch wel met een raar gevoel op terug: hoezo champagne mee op een vliegreis van elf uur? Alsof we daar niet een fles champagne konden halen.
Wat we trouwens zeker alsnóg deden.
Maar zo was het wel echt. Als ik terugdenk aan precies een jaar geleden in Costa Rica, mijn laatste vakantie waarin ik

nog echt dronk, was zo'n vakantie echt om alcoholmomenten heen gemetseld. Een fijne cocktail bij de lunch, 's middags op een terras een fris glas wijn en 's avonds bij het eten samen een fles. Of een speciaalbiertje. Bijna elke dag, de hele dag.
Nu ben ik hier met Annemieke niet op vakantie, maar ook hier was anders zeker elke dag rond een uur of vier de kurk uit de fles gegaan om te proosten op een productieve dag. Want er is nooit écht een goede reden nodig om te gaan drinken.

Nu, bijna een jaar later, merk ik dat alcohol helemaal niet meer echt een rol speelt in mijn leven. Waar ik net na het stoppen veel bezig was met niet-drinken, is het nu bijna geen issue meer. Ik drink gewoon niet. Net als dat ik niet turn. Ik turn niet, daar ben ik niet mee bezig, er gaat geen energie of denkkracht naartoe. Zo is dat nu met drinken ook ongeveer. De schappen vol met flessen Portugese wijn maken geen indruk meer, er is geen gemis om een uur of vier.
Er zijn echt heus wel momenten dat ik er wél mee bezig ben, zoals bij een heel goed diner, maar ik sta mezelf toe om dan een uitzondering te maken. Wat ik dus bijna nooit doe, de laatste keer was twee maanden geleden. Ik wil mezelf nu ook niet afschilderen als een totaal ander persoon dan een jaar geleden, maar 99 procent van de tijd is drank niet meer iets wat ruimte in mijn hoofd inneemt.
De momenten die ik in een jaar geleden zo'n ontzettende uitdaging vond – de vakanties, de etentjes, de feestjes, de borrels, de weekends – zijn nu normaal geworden. Doodnormaal, met een kombucha, 0.0-biertje of spa rood in mijn hand. Net als dat het toen doodnormaal was om dan een glas champagne of andere wijn te drinken. Het is goed dat het nu zo natuurlijk aanvoelt, dat het geen struggle meer is om niet te drinken.

Over zeven dagen is het precies een jaar geleden dat ik er een streep onder zette. De hele conclusie moet ik nog trekken – wacht maar, het échte evaluatiemoment komt nog – maar ik weet wel dat het de beste keuze was die ik kon maken voor mezelf op dat moment.

Maandag
18 september 2023
15.24 uur

Een jaar geleden is het. Een jaar geleden dat ik op het vliegveld in Panama besloot: ik ben er klaar mee. Het pakte zó anders uit dan ik had verwacht. Afgelopen jaar werd een jaar waarin ik écht ging ontdekken. Alles ging voelen. Beter voor mezelf ging zorgen (al had ik daar qua sport en voeding al een begin mee gemaakt een paar jaar geleden), vooral mentaal. Ging zoeken naar wat ik in alcohol zocht, maar dan niet meer in dat glas.

Misschien is het toeval, maar ik denk dat de grote veranderingen van het afgelopen jaar te maken hebben gehad met mijn alcoholvrijere zoektocht. Daardoor keerde ik meer naar binnen, móést ik die rotgevoelens wel écht voelen en móést ik de shit oplossen die elke keer weer naar boven kwam. Vooral qua onrust en ontevredenheid, iets wat ik vorig jaar in oktober heel sterk voelde, en wat begin deze zomer weer enorm de kop op stak.

Stoppen met drinken was voor mij een van de beste beslissingen van het afgelopen jaar. Het was ook een van de engste dingen die ik kon doen, samen met paragliden, parachutespringen en in therapie gaan. Dingen die ik misschien wel nooit, of veel later, had gedaan als ik niet was 'gestopt'. En ja, 'gestopt' tussen aanhalingstekens, want zoals je weet 'mag' ik van mezelf sinds april best weleens wat drinken. Ik ben heel gerustgesteld dat ik tóch niet veel drink.
Toen ik in april op Terschelling voor het eerst dat slokje wijn dronk, was ik bang dat het hek van de dam zou zijn. Drinken maar! Maar dat was niet zo. De laatste keer dat ik dronk was begin juni tijdens een chic etentje. Afgelopen vrijdag bestelde ik bíjna een glas wijn bij een goed restaurant in de Algarve, maar toen mijn vriendin Annemieke stellig '*We don't drink!*' tegen de bediening zei toen we de wijnkaart kregen, dacht ik: och ja, ik drink gewoon niet. En was de avond er minder door? Kun je natuurlijk nooit zeggen, want ik kan het niet vergelijken, maar nee, ik denk het niet.

Ik heb helemaal niet veel moeilijke opmerkingen gehad het afgelopen jaar, wat ik wel had verwacht. Ik kreeg juist enorm veel support, veel begrip en ook wel wat bewondering, en veel mensen om me heen zijn ook minder gaan drinken of gestopt. Er ontstonden vaak mooie gesprekken.

De negatieve opmerking die ik het afgelopen jaar het meeste heb gekregen is 'leef een beetje, zeg'. In het kader van: moet toch kunnen, alles met mate, je kunt toch best een glaasje drinken, geniet toch van het leven. 'Je hoeft jezelf toch niet álles te verbieden.' Nu zie ik mezelf totaal niet als iemand die zichzelf alles verbiedt, ik mag juist alles van mezelf. En ik doe een heleboel dingen die me een lekker gevoel geven. Die goed zijn voor mijn hoofd en lijf. Zoals sporten. Wandelen. Lezen. Mediteren. Voedzaam eten. Genoeg slapen. Ik doe héél veel leuke dingen, zoals reizen en etentjes. Is alcohol dan het ding waardoor ik 'een beetje leef'? Dat wat ervoor zou moeten zorgen dat ik écht geniet van alle dingen die ik al doe?

Ik voel juist dat ik het afgelopen jaar het meest heb geleefd van de 33 jaar dat ik hier ben. Ik heb gereisd, genoten, liefgehad, gehuild, gelachen, gepraat, gezwegen, ben gestruikeld, gesprongen en dat allemaal letterlijk én figuurlijk. Ik heb alles aangekeken, ben nergens voor weggelopen, en dat was (en is nog steeds) soms hartstikke moeilijk. Ik merk dat ik er iets voor terugkrijg: het écht leren kennen van mezelf. Van wie ik ben. Van mijn donkerste krochten (Ben ik wel goed genoeg? Wanneer ben ik goed genoeg?) tot mijn lichtste, vrolijkste, mooiste kanten.

Met soms een zware dag, of dagen. Niet door katers of schuldgevoelens, maar door de bezem door het huis te halen, en daar komt soms een púinhoop uit hoeken en gaten ...
Het was zoveel makkelijker, moeilijker, beter en slechter dan ik me had kunnen voorstellen. Ik had me hier niet op kunnen voorbereiden en had het ook niet gewild. Van de eerste maan-

den waarin ik naarstig zocht naar alternatieven om te drinken, tot de latere periode waarin het echt een gewoonte werd om niet te drinken, tot nu. Waarin ik van mezelf mag drinken, maar het gewoon niet echt doe.

Proost. Lééf een beetje. En dat doe ik het beste zonder alcohol.

”

Proost. Lééf een beetje.
En dat doe ik het beste zonder alcohol.

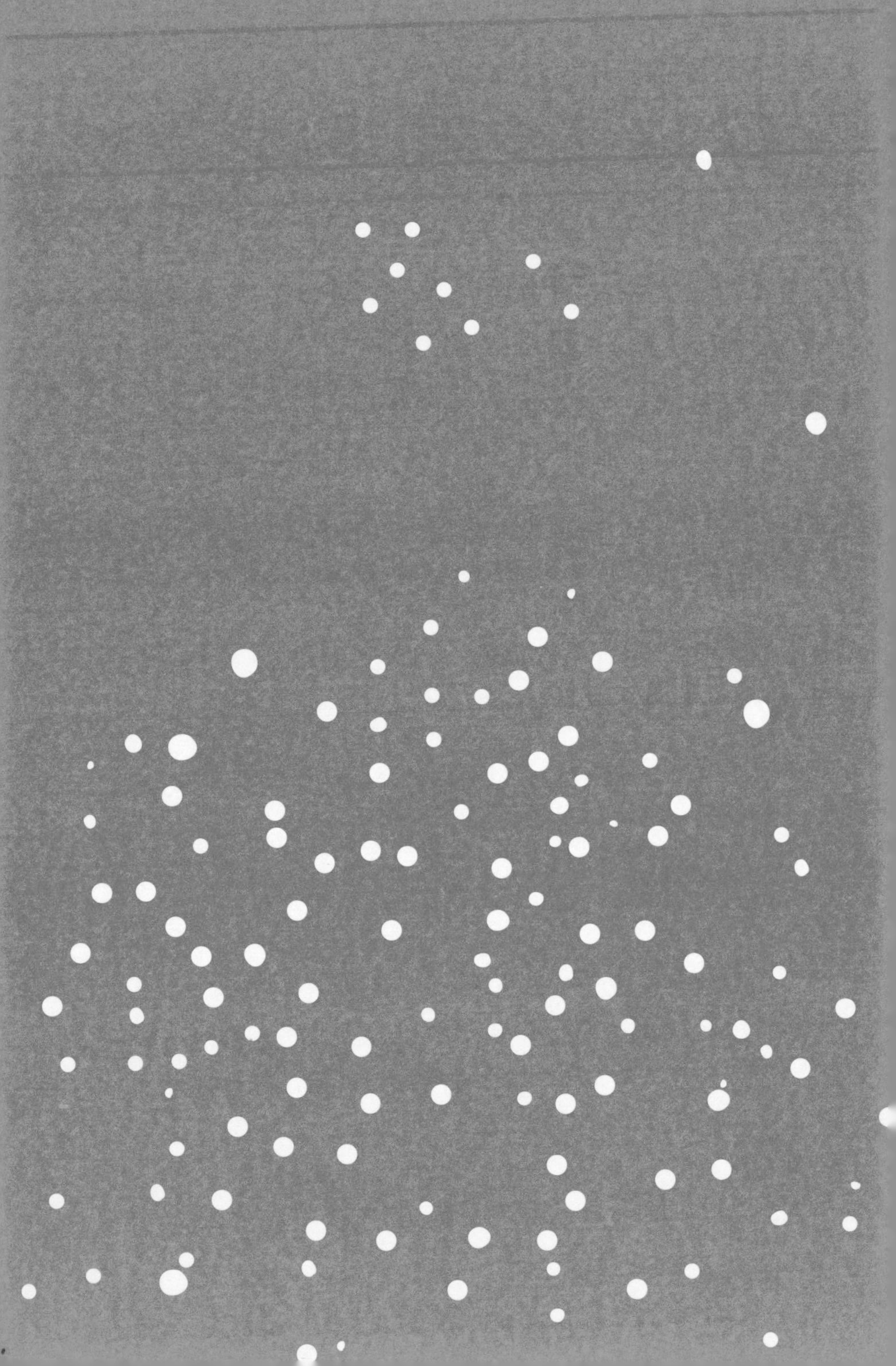

Deel 2

2

En nu?

Stappenplan voor een alcoholvrij(er) leven

Nu je een jaar aan mijn mijmeringen over alcoholvrijer leven tot je hebt genomen (proost daarop!), kan ik me voorstellen dat je denkt: ik wil dit ook, maar hoe nu verder? Dat had ik zelf als ik boeken las over stoppen met drinken. Ik miste een concreet plan om er zelf mee aan de slag te gaan. Daardoor duurde het bij mij best even voor ik stopte met drinken. Als je niet aan de 'extreme' kant van een alcoholprobleem zit, is er niet zo bijster veel hulp te vinden. Want je hebt volgens veel mensen 'niet écht een alcoholprobleem'. Dus moet je het zelf maar uitzoeken.

No more! Ik wil je graag helpen in dit proces. Daar zit een disclaimer bij: als je een serieuze alcoholverslaving hebt, is dit wellicht niet de manier. Dan wil ik je adviseren naar je huisarts te gaan en jouw zorgen te delen, en te vertellen dat je er wat aan wilt doen. Dit boek is voor mensen die in een vergelijkbare situatie als ik zitten. De matig, of stevig-matige drinkers, die niet onder alcoholist vallen 'volgens het boekje', maar wel ervaren dat ze een alcoholprobleem hebben. En voor wie stoppen met drinken ook niet zomaar even iets makkelijks is.

Met alcoholvrijer bedoel ik niet per se een leven zonder alcohol. Alcoholvrijer betekent een leven vrij van alcohol. Een leven waarin alcohol niet meer een constante factor is die je nachten en dagen vergalt en waar je niet vanaf kunt blijven. Alcoholvrijer is voor de een de fles volledig laten staan en nooit meer een druppel drinken, voor de ander betekent het bij gelegenheid af en toe een mooi glas wijn. En alles daartussenin. Wat het voor jou is, is aan jou om te ervaren en uit te zoeken. Het kan nuttig zijn een eerste periode helemaal niet te drinken en daarna te evalueren wat je wilt. Omdat je dan echt loskomt van de gewoonte. Ik heb uiteindelijk bijna zes maanden helemaal niks gedronken, waarna ik heel bewust weer eens een beetje dronk.

Op de volgende bladzijdes vind je mijn stappenplan dat ik – deels bewust en deels onbewust – heb doorlopen toen ik in september besloot te stoppen met drinken. Pak er een fijn journal bij (of doe jezelf een nieuw exemplaar cadeau) om de vragen in uit te werken en neem er rustig de tijd voor.
Het gaat ook over wat dieper graven bij jezelf, ontdekken waar jouw behoeftes liggen en wat de redenen zijn dat je nu (nog) alcohol drinkt.

Stap 1

Evalueer je situatie

Hoe staat het ervoor?
Hoe sta je erin? Krijg de feiten helder

Pak pen en papier en schrijf op hoe jouw leven er nu uitziet rondom alcohol. Hoeveel drink je? Hoeveel dagen of avonden in de week drink je? Wat drink je dan? Hoe voel je je wanneer je drinkt? Hoe voel je je na het drinken? Hoe slaap je erdoor? Hoe zijn je katers?
Schets de huidige situatie tot in detail en laat niets achterwege. Misschien heb je niet die vreselijke katers die ik had, maar heb je wel een vreselijk schuldgevoel de dag erna. Of maak je ruzie met je partner zodra je gedronken hebt. Gooi alles op tafel en schrijf het voor jezelf op.
Door dit te doen druk je jezelf echt even met de neus op de feiten. Struisvogelgedrag gaat je absoluut niet helpen in dit proces. Dat heeft je tot nu toe niet geholpen, en dat zal het ook niet gaan doen. Wees dus heel eerlijk naar jezelf over hoe jouw leven met alcohol op dit moment is. Je hoeft nu nog niet na te denken over waar je heen wilt of wat je doel is, focus in deze oefening alleen op de situatie nu.
Het kan zijn dat je teleurgesteld bent in jezelf tijdens het schrijven. Of dat je boos wordt. Misschien steekt schaamte de kop op. Laat daar ruimte voor. Het is oké. Voel het maar even en laat het er maar zijn als je negatieve emoties voelt. Misschien voel je ook wel een bepaalde opluchting dat je weet dat je hier nu mee aan de slag gaat. Het is allemaal goed! Weet dat het niet helpt om deze gevoelens weg te duwen, of om kwaad te worden op jezelf omdat je je zo voelt of omdat je het 'zo ver hebt laten komen'.

Als je zulke gevoelens hebt, schrijf ze dan ook maar op. Schrijf maar op wat je denkt over jezelf, wat je voelt in je buik, in je hart. Misschien helpt het om daarna een wandeling te maken. Of erover te praten met een vriend(in).

Stap 2

Bepaal je *why*: waarom wil je dit?

Wat is de reden dat je alcoholvrij(er) wilt gaan leven?

Je bent met deze vragen aan de slag gegaan en dat betekent dat je naar een alcoholvrijer leven wilt. Maar waarom wil je dat eigenlijk? Wat spreekt je erin aan? Of wat is het in je huidige situatie waar je echt genoeg van hebt.

Voor mij was dat bijvoorbeeld:

/ Ik wil mezelf niet meer constant vergiftigen.
/ Ik wil die vreselijke katers met dat nare schuldgevoel niet meer.
/ Ik wil meer energie en betere nachten.
/ Ik wil niet meer het gevoel dat ik afhankelijk ben van alcohol.
/ Ik wil me in het weekend lekker fit en energiek voelen en niet op vijftig procent leven omdat ik alcohol heb gedronken.
/ Ik wil betere sportprestaties behalen.
/ Ik wil gezond zijn.
/ Ik ben benieuwd wat er met mij gebeurt als ik alcohol loslaat. Ben ik dan nog steeds een leuk persoon met een leuk leven? Kan ik nog feestvieren, genieten, ontspannen zonder alcohol?

Je kunt ook een lijstje maken van alle negatieve, ongezonde effecten van alcohol. Dat zijn ook stuk voor stuk goede redenen om niet te drinken. Voor mij was het boek *Stoppen met alcohol* van Allen Carr hierin een eyeopener. Maar als je gewoon even googelt naar alle negatieve effecten van alcohol op je gezondheid, kom je ook al een heel eind. Op de volgende bladzijde alvast wat ideetjes voor je als je om inspiratie verlegen zit.

Tien ongezonde (mogelijke) gevolgen van alcoholgebruik:

1. Katers: Niemand houdt van een kater. De hoofdpijn, misselijkheid en vermoeidheid zijn niet bepaald aangenaam.
2. Slechte slaap: Hoewel alcohol je slaperig kan maken, kan het ook leiden tot verstoorde slaapcycli, waardoor je je de volgende dag nog vermoeider voelt.
3. Gewichtstoename: Alcoholische dranken bevatten vaak veel calorieën en suiker, waardoor ze kunnen bijdragen aan gewichtstoename.
4. Leverziekten: Langdurige en overmatige alcoholconsumptie kan leiden tot leveraandoeningen, zoals levercirrose en hepatitis.
5. Kanker: Overmatig alcoholgebruik kan het risico op verschillende soorten kanker verhogen, waaronder borst-, darm-, mond-, lever- en slokdarmkanker.
6. Hoge bloeddruk: Overmatig alcoholgebruik kan leiden tot een verhoogde bloeddruk, wat kan leiden tot ernstige gezondheidsproblemen op de lange termijn.
7. Depressie en angst: Hoewel alcohol kan helpen om sociale angst te verminderen, kan het op de lange termijn bijdragen aan gevoelens van depressie en angst.
8. Verslaving: Alcohol is een verslavende stof en kan leiden tot verslaving, wat kan leiden tot ernstige gezondheidsproblemen en sociale problemen.
9. Verminderde hersenfunctie: Overmatig alcoholgebruik kan leiden tot verminderde hersenfunctie, geheugenverlies en concentratieproblemen.
10. Ongevallen en verwondingen: Overmatig alcoholgebruik kan leiden tot ongevallen en verwondingen als gevolg van dronkenschap en slechte beslissingen.

Maak de lijst zo lang als je wilt en schrijf tot je geen redenen meer kunt bedenken. Confronterend, en heel helpend.

Stap 3

Wat is je doel met alcoholvrij(er) leven?

Betekent dat geen alcohol meer, of minderen?
Wat wil je ermee bereiken?

Wat is precies jouw doel? Denk eerst eens na over of je helemaal wilt stoppen met drinken of dat je (sterk) wilt minderen. Hoe ziet dat er concreet uit? Maak het heel duidelijk voor jezelf, zodat er geen discussie over mogelijk is op moeilijke momenten (ach, 'een paar glazen per maand', daar valt dit nog wel binnen).
Mijn advies is: begin een tijdje met nul alcohol. Als je een maand of twee, drie, niet drinkt, dan daag je jezelf echt uit om het uit je systeem te krijgen, zowel fysiek als mentaal. De gewoontes van het drinken zullen er langzaamaan uitgaan, en ook de meeste fysieke ongemakken zullen herstellen. Hierdoor ga je echt ervaren wat niet-drinken met je doet. Ik sprak dus met mezelf af dat ik vierenhalve maand niet zou drinken, en daarna zou ik herevalueren. Zoiets kun je ook doen. Je hoeft natuurlijk echt niet te zeggen dat je nooit meer gaat drinken, je kunt wel een periode afspreken en daarna een keuze maken.
Maar: het is jouw proces. Jij bepaalt. Maak het zo duidelijk en concreet mogelijk.

Beantwoord ook de vraag: wat wil jij bereiken met deze periode van niet drinken?

Wil je bijvoorbeeld de rest van je leven sterk minderen?
Wil je alcohol herevalueren? Zie je het als een interessant experiment en ben je benieuwd hoe je hierop reageert?
Wil je bijvoorbeeld een vakantie meemaken zonder alcohol en kijken wat dat met je doet?
Dit is het verlengde van je why.

Stap 4

Waarvoor gebruik je alcohol?

En hoe kun je die behoeftes op een andere manier invullen?

Veel mensen drinken alcohol niet omdat ze het lekker vinden, maar voor alle fijne verdovende effecten. Alcohol is in feite ontzettend vies, daarom is het ook verdund in alle drankjes die wij drinken. Het is vergif en als je het puur drinkt, overleef je dat waarschijnlijk niet. Je lijf kan dat helemaal niet aan. Interessant om dit even te laten bezinken.

Alcohol moeten we ook 'leren drinken', geen enkel kind vindt wijn of bier lekker, laat staan sterkedrank als whisky of rum. Het is een smaak waar we enorm aan moeten wennen omdat-ie eigenlijk hartstikke vies is voor ons. Door de tijd heen kun je het gaan waarderen en ja, ik kan wel zeggen dat ik gek ben op de smaak van champagne. Maar als je me dat op mijn veertiende had laten proeven, had ik het hoogstwaarschijnlijk hartstikke goor gevonden.

Het kan zijn dat jij nu wijn, bier of iets anders drinkt omdat je erg geniet van de smaak. Dat is hier zéker het geval. Maar voor mij was dat het niet alleen. Ik dronk ook als ...

/ ik iets te vieren had;
/ ik stress had;
/ ik wilde ontspannen;
/ ik een beloning verdiend had;
/ ik weekend had (lekker ontspannen);
/ ik vakantie had (lekker ontspannen, heb ik wel verdiend);
/ ik een zware week had gehad (poeh, even de scherpe randjes eraf);
/ ik zenuwachtig was;
/ ik op een feestje iets losser wilde worden en wat socialer wilde zijn.

Dat is misschien wel herkenbaar voor je. Noteer al deze dingen ook maar eens voor jezelf. Waarvoor gebruik jij alcohol? Wat voor momenten zijn dat? Maak het zo specifiek mogelijk. Bijvoorbeeld: als ik op vrijdagmiddag terugkom van werk, vind ik dat ik een glas wijn heb verdiend om lekker te ontspannen. Daar kan ik ook echt naar uitkijken. Dan zak ik onderuit en voel ik mezelf rustig worden, dan glijdt de stress van me af. Of: als ik met collega's een grote klant binnen heb gehaald, of een succesvolle presentatie heb gehouden, dan hoort er een fles champagne bij om te proosten op onze successen.

Maak er een lijstje van en schrijf net zo lang tot je niks meer kunt bedenken.
Neem vervolgens deze lijst door en bedenk hoe je deze momenten kunt ervaren zonder alcohol. Wat kan alcohol vervangen? Hoe kun je hetzelfde gevoel of effect realiseren zonder de drank?

Dat vrijdagmiddagmoment bijvoorbeeld. Dat zou je kunnen vervangen door een ander drankje. Zelfde ritueel, ander drankje. Je kunt het ook vervangen door een totaal andere activiteit, zoals een wandeling in het bos. Of het lezen van een boek. Een meditatie. Het viermoment met collega's kun je vervangen door simpelweg een fles alcoholvrije bubbels te gebruiken.

Zo kun je langs al jouw alcoholmomenten gaan. Wat zoek je erin? En hoe kun je dat op een andere manier bevredigen? Ik ben door mijn alcoholvrijere avontuur allemaal dingen gaan doen om vooral de ontspanning op te zoeken, omdat ik ontdekte dat ik alcohol vaak gebruikte om rustig te worden.

En dus ben ik ...
/ dagelijks gaan mediteren;
/ massages gaan nemen;
/ meer gaan lezen;
/ alcoholvrije wijn en alcoholvrij bier gaan drinken als ik toch zo'n 'momentje' wilde.

Stap 5

Maak een plan

Juist voor momenten waarop je normaal gesproken drinkt

Hoe ga je dit aanpakken? Je hoeft echt niet een heel project uitgeschreven te hebben, maar het is wel handig om nu al even na te denken over hoe je dit wilt gaan doen.

Ik heb ervoor gekozen om niet heel anders te gaan leven. Er waren veel momenten waarbij alcohol een belangrijke rol speelde: etentjes, feestjes, borrels, vakanties. Die dingen ben ik blijven doen. Ik wilde niks uit de weg gaan. Juist de confrontatie leek me interessant en daarnaast wilde ik mijn leven niet op pauze zetten. Maar misschien heb jij wel bepaalde momenten die je liever eventjes vermijdt. Of zijn er bepaalde vrienden of collega's die niet zo'n goede invloed op je hebben of zelf veel drinken. Kijk vooral wat voor jou prettig voelt.

Misschien wil je je omringen met mensen die ook niet drinken. Heb je een sociale kring waarbij alcohol altijd een grote rol speelt, dan kan het best helpen wat mensen te zoeken bij wie dit niet zo is. Of je kunt andere dingen met deze mensen gaan doen. Sporten, wandelen, ontbijten – momenten waarop de drank normaal gesproken niet zo snel op tafel komt.

Bedenk voor jezelf:

/ Welke momenten zijn er waarop alcohol een (grote) rol speelt?
/ Hoe kan ik daarmee omgaan?
/ Zijn er momenten of mensen die ik even wil vermijden?
/ Zo ja, voor hoe lang en hoe pak ik dat aan?

Wat voor mij heel erg hielp was dat ik feestjes en thuisdinertjes zelf voorbereidde door allerlei lekkere alcoholvrije drankjes in huis te halen of mee te nemen. En de kroeg heb ik de eerste maanden vermeden.

Stap 6
Natural highs

Ontdek waarvan jij dat heerlijke, warme, vrolijke en euforische gevoel krijgt

Ik zocht altijd een soort high, dat heerlijke warme, vrolijke, euforische gevoel, in het drinken. En zoals je hebt kunnen lezen ben ik op zoek gegaan naar manieren om die high op een natuurlijke manier te voelen. Je kunt erover lezen vanaf pagina 146. Het is érg leuk om voor jezelf na te gaan waarin die natuurlijke highs voor jou zitten. Is dat net als bij mij bij sporten? Of zoek jij de extremere dingen op zoals bungee-jumpen of verre reizen maken?

Wat voor mij hielp, was twee lijstjes maken. Eén lijstje met dingen die ik in mijn dagelijks leven zou kunnen doen, zoals sporten, mediteren, yoga, knuffelen met Willem en Kees, hardlopen, schilderen, me houden aan afspraken met mezelf, (kleine) doelen behalen.
En ik maakte een lijstje met extremere dingen, die ik af en toe zou kunnen doen en wat meer zou moeten plannen, zoals paragliden, parachutespringen, verre reizen maken, een massage nemen, heel chic uit eten gaan.
Misschien kun je alvast een aantal van deze dingen inplannen. Zodat je echt heel bewust gaat ervaren hoe het voelt om dat natuurlijke euforische, heerlijke, warme gevoel te hebben. Bij de ene activiteit is het gevoel sterker (parachutespringen) dan bij het andere (mediteren), en het is interessant dat bij jezelf te onderzoeken.

Misschien duurt het even voor je die natural high voelt, omdat je zo lang alcohol nodig hebt gehad voor die endorfine. Heb geduld met jezelf.

Stap 7

Praktische tips

Ik heb er nogal wat. Komen ze

Zorg voor allerlei verschillende lekkere drankjes.
Had je altijd een koelkast vol biertjes en wijn? Zorg dan dat je nu een koelkast vol héérlijke alcoholvrije drankjes hebt. En zie dit als een toffe zoektocht. Er is zóveel lekkers te vinden en door dit boek heen vind je al veel tips. Er zijn vooral ontzettend veel goede bieren zonder alcohol, maar er is ook veel prima wijn te vinden en vooral veel spirits en likeuren.
Er gaat een wereld voor je open als je je hierin gaat verdiepen, zie het als een heel nieuwe reis die je maakt!
Enne, zorg ook voor mooie glazen om je drankje in te serveren voor jezelf. Jij verdient óók een mooi glas.

Vertel het aan mensen om je heen. Praat erover.
Ik vertelde meteen de mensen dicht bij me over mijn alcoholstaking. Dat maakte het een stuk makkelijker, want daardoor konden zij er meteen rekening mee houden. Er ontstonden ook leuke, interessante gesprekken door. Er was direct veel begrip, waardoor ik me gesteund voelde. Klanten die ik vaak zag, teamleden, familie, vrienden, ik vertelde ze al snel dat ik niet meer dronk en dat voelde voor mij als een goede keuze. Het maakte het echt een stuk makkelijker.
Maar dat hoeft heus niet altijd. Jij kiest wat je aan wie vertelt. Als je geen zin hebt in een mogelijk lastig of confronterend gesprek, bestel je gewoon wat anders. Of een 0.0-biertje. Je bent niemand uitleg verschuldigd en je drinkt wat jij wilt. De eerste paar keren naar een feestje of etentje zonder alcohol kunnen best heftig zijn als je gewend bent om dan te drinken. Door gewoon een alcoholvrij drankje te bestellen en er verder geen punt van te maken, kán het zijn dat het niemand echt opvalt en dat je er zelf even rustig aan kunt wennen. Kijk vooral wat voor jou goed voelt: erover praten, of het juist niet zoveel aandacht geven.

Wees standvastig in je keuze.
Laat je niet ompraten. 'Doe niet zo ongezellig!' of 'Eentje kan toch wel?' zijn vervelende uitspraken op momenten dat jij het misschien al moeilijk hebt. Een simpel 'nee' is genoeg, je bent hun geen uitleg verschuldigd. 'Ik drink niet' moet genoeg zijn. Het helpt om een antwoord klaar te hebben en vooraf te bedenken wat je gaat zeggen als je zulke vragen of opmerkingen krijgt. Heb je vaak met deze situaties te maken, overweeg dan voor jezelf of je deze mensen nog wel zo vaak wilt zien.
Hier zijn enkele tips om standvastig te blijven in je beslissing om geen alcohol te drinken:

1. Wees duidelijk over je beslissing: leg uit dat je geen alcohol drinkt en waarom je deze keuze hebt gemaakt. Door duidelijk te zijn over je beslissing, kunnen anderen begrijpen waarom het belangrijk voor je is om nuchter te blijven. Mijn standaard antwoord is: 'Ik drink niet.' Als ik de vraag 'Waarom drink je niet?' krijg, dan zeg ik: 'Omdat ik me daar lekkerder bij voel.' Daar is niet zoveel tegen in te brengen en dat doet ook bijna niemand, merk ik.

2. Bied een alternatief aan: stel voor om samen een non-alcoholisch drankje te bestellen, zodat je nog steeds kunt genieten van de gezelligheid zonder alcohol te drinken. Of stel een andere activiteit voor waarbij alcohol geen grote rol speelt.

3. Blijf bij je beslissing: het kan lastig zijn als anderen je onder druk zetten om mee te doen, maar blijf bij je beslissing om geen alcohol te drinken en probeer je niet te laten beïnvloeden door anderen.

4. Wees assertief: als anderen blijven aandringen dat je alcohol moet drinken, wees dan assertief en zeg nee. Laat zien dat je vastberaden bent om nuchter te blijven en dat je beslissing gerespecteerd moet worden. Dit kan natuurlijk echt lastig zijn, weet ook dat je jezelf altijd kunt verwijderen uit de situatie als het te moeilijk wordt.

5. Zoek steun: zoek steun bij vrienden of familie die je beslissing om geen alcohol te drinken steunen. Het kan helpen om met hen te praten over je ervaringen en hoe je kunt omgaan met druk van anderen.

Zet alcohol niet op een voetstuk.
Een risico van stoppen met drinken is dat je het drankje gaat romantiseren. Dat je die heerlijke roes gaat verheerlijken en dat je gaat dagdromen over die avonden met vrienden met talloze flessen op tafel. Het is niet raar dat je dat doet – ik herken het – maar merk het wel op. Zorg ook dat je helder houdt waaróm je gestopt bent met drinken. Ja, alcohol zorgde voor mooie momenten waar ik erg van heb genoten, maar het heeft ook heel veel voor me vergald. Houd dat ook in het vizier. Al mag je best met een beetje weemoed terugkijken op die mooie momenten.

Om alcohol niet op een voetstuk te zetten, is het belangrijk om een evenwichtige kijk op alcohol te hebben en te begrijpen dat het niet de enige of de beste manier is om te ontspannen of plezier te hebben.
Het is belangrijk om te onthouden dat alcohol geen noodzakelijk onderdeel is van het dagelijks leven en dat er veel manieren zijn om te ontspannen en plezier te hebben zonder alcohol te drinken. Door het nemen van verantwoordelijkheid voor je eigen keuzes en het respecteren van de keuzes van anderen, plaats je alcohol niet op een voetstuk.

Sta jezelf toe weg te gaan.
Ik heb in mijn proces niks vermeden. Ik ging naar feestjes, diners, borrels. Maar ik stond mezelf wel toe weg te gaan op het moment dat iedereen dronken werd of dat ik me niet meer prettig voelde tussen de flessen drank. Mijn eerste oud en nieuw zonder alcohol had een vroege exit, en op feestjes sneak ik ertussenuit zodra iedereen te dronken wordt voor een goed gesprek. Het voordeel: niemand die het merkt.

Maak het leuk.
Watertje bij een diner in een restaurant? Nee joh. Vraag naar de alcoholvrije drankjes, veel goede restaurants hebben prima arrangementen zonder alcohol. En de meeste restaurants hebben wel een virgin gin-tonic of andere leuke mocktails. Maak er een feestje van. En neem je wel een water of Rivella, vraag of-ie in een wijnglas mag. Jij mag óók een mooi glas. Proost.

Sta jezelf toe alles te voelen en het moeilijk te vinden.
Niemand zei dat het makkelijk was. Voel het ongemak. Dat heb ik zeker gevoeld. Praat erover. Schrijf erover. Jank soms even de ogen uit je kop. Wandel. Mediteer. Vraag hulp. Het is soms gewoon moeilijk en dat is oké.

Lees, luister en kijk.
Zoek gelijkgestemden en zuig informatie op. Verstevig jouw overtuiging rondom je keuze om niet of minder te drinken. Duik erin en bijt je erin vast. Het heeft mij erg geholpen in mijn proces omdat ik het gevoel kreeg dat ik niet alleen was. Ik ben ook veel Instagramaccounts gaan volgen van mensen die gestopt zijn met drinken en dat zorgde voor veel herkenning. Ik voelde me zeker in het begin best vaak 'de rare die niet drinkt', maar door me erin te verdiepen voelde ik me steeds minder 'die rare'. Op pagina 198 vind je een aantal boekentips en Instagramaccounts waar ik veel aan heb gehad.

Hulp nodig?

Schroom niet om hulp te vragen. Je hoeft het niet alleen te doen. Er zijn verschillende organisaties en instanties in Nederland waar je hulp kunt krijgen bij het stoppen met drinken. Als je hulp nodig hebt om te stoppen met drinken, vind je hier enkele opties.

1. De huisarts: de huisarts kan je helpen bij het bepalen van de juiste behandeling en medicatie voor alcoholverslaving. Hij of zij kan je ook doorverwijzen naar een specialist of een instelling voor verslavingszorg.

2. Verslavingszorginstellingen: er zijn verschillende organisaties en instellingen in Nederland die zich richten op verslavingszorg, zoals Jellinek, Novadic-Kentron en Tactus. Deze organisaties bieden verschillende soorten hulp aan, zoals ambulante behandelingen, dagbehandelingen en opnames.

3. Anonieme Alcoholisten (AA): AA is een organisatie die zich richt op het ondersteunen van mensen met alcoholverslaving. Ze bieden groepssessies aan waarin je ervaringen kunt delen en steun kunt vinden bij anderen die met hetzelfde probleem kampen.

4. Online zelfhulpprogramma's: er zijn verschillende online zelfhulpprogramma's beschikbaar, zoals Minderdrinken.nl, waarbij je zelf aan de slag kunt gaan met het verminderen van je alcoholgebruik. Deze programma's kunnen ondersteunend zijn, maar bieden geen professionele behandeling.

5. Telefoonlijnen: er zijn verschillende telefonische hulplijnen beschikbaar, zoals de Alcohol Infolijn (0900-1995), waarbij je terechtkunt voor informatie en advies over alcoholgebruik.

Tips

INSTAGRAM

/ Soberliciousguide
/ Jointempest
/ Solifeclub
/ Koosvp

BOEKENTIPS

/ *Stoppen met alcohol* – Allen Carr
/ *Sinds ik niet meer drink* – Evi Hanssen
/ *ChardonNEE* – Claire Pooley
/ *Quit Like a Woman* – Holly Whitaker
/ *Roes* – Jeanneke Scholtens
/ *Sobercurious* – Ruby Warrington

GOEDE WEBSITES

/ Anonieme Alcoholisten:
aa-nederland.nl
/ Informatie over alcohol en verslaving:
allesoverdrinken.nl
/ Voor als een dierbare verslaafd is:
helpmijndierbareisverslaafd.nl

/ Alcohol Infolijn van het Trimbos-instituut:
0900-1995

TELEFONISCH

Nawoord

Proost! Je hebt het einde van het boek bereikt en hopelijk heb je er net zo erg van genoten als ik ervan genoot om het te schrijven. Als je hier bent aanbeland, ben je misschien aan het nadenken over stoppen of minderen met alcohol. Misschien heb je dat al gedaan. Of misschien was je gewoon nieuwsgierig. In ieder geval hoop ik dat je iets hebt gehad aan mijn verhaal. En anders dat je er nog veel aan gaat hebben in de toekomst.

Als ervaringsdeskundige kan ik met trots zeggen dat het stoppen met drinken écht mogelijk is en dat het een mooie en leerzame innerlijke reis kan zijn. Oké, het is niet altijd gemakkelijk, maar met doorzettingsvermogen, nieuwsgierigheid, een open blik, de wil om te leren, de bereidheid om je ongemakkelijk en oncomfortabel te voelen en steun van anderen is het zeker haalbaar. Het heeft mij geholpen erover te schrijven en te praten, dus dankjewel dat ik dat hier op papier mocht doen, en dat jij dat wilde lezen.

Minderen met alcohol heeft natuurlijk grote gezondheidsvoordelen. Het is belangrijk om hierbij stil te staan. Stoppen is zeker niet de enige juiste weg. Het kan een uitdaging zijn om minder te drinken, maar elke stap die je in de goede richting zet is er één. En wie weet, misschien leidt dat uiteindelijk wel tot volledig stoppen.

Bedankt voor het lezen van *Alcoholvrijer*. Ik hoop dat je er iets aan hebt gehad en dat het je heeft geïnspireerd om een positieve verandering in je leven aan te brengen.
Elke stap is goed, of je nou vanaf vandaag helemaal stopt, of dat je je bewuster wordt van je drankgebruik en dat wat terugschroeft. Misschien plant het een zaadje voor later. Voor mij was het een intensieve reis die me zoveel meer heeft gebracht dan ik had verwacht.

En onthoud: als het even moeilijk wordt, kun je altijd terugbladeren en opnieuw lezen waarom je deze keuze hebt gemaakt. In dit boek of in je eigen journal.

Je kunt het.

Liefs,
Cynthia

Je vindt me op Instagram via @cynthiapuntnl.
En je mag me altijd mailen op hallo@cynthia.nl als je iets met me wilt delen.

Notities

Notities

Notities

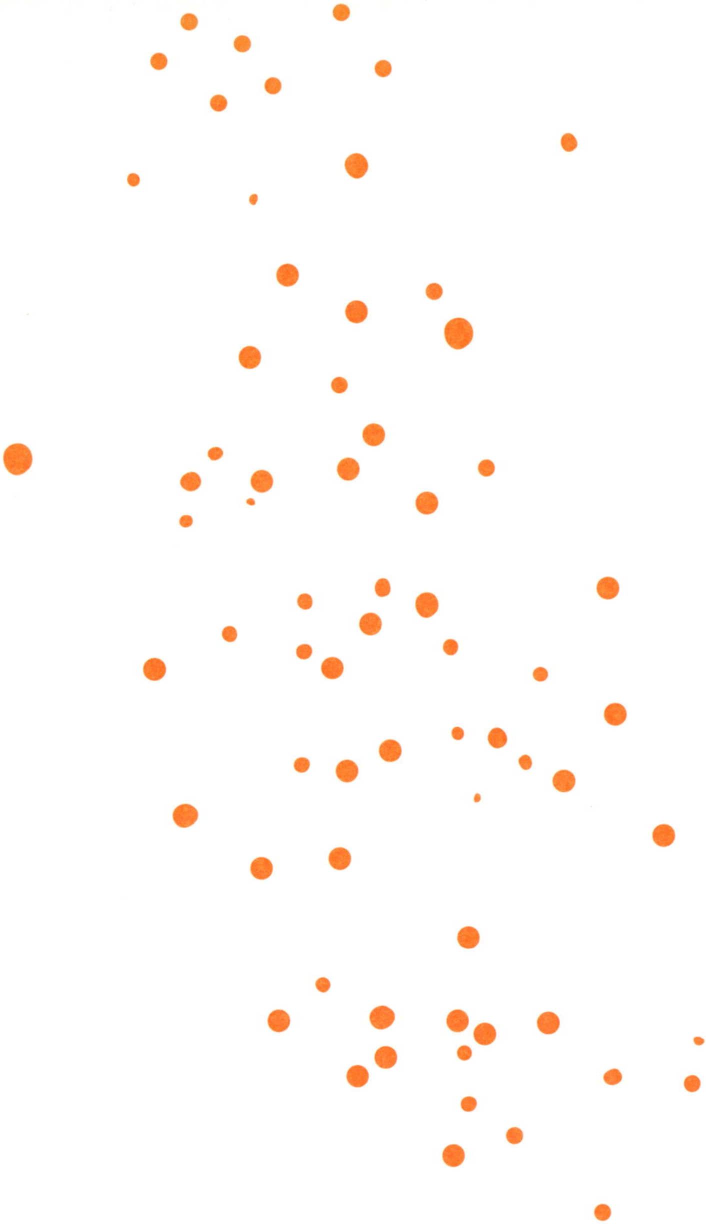